海外売春

——女たちの選択——

週刊SPA!編集部
国際犯罪取材班

はじめに——「からゆきさん」の幻影

2023年、秋。

パンデミックの喧騒が終わりを告げ、世界中で人々の往来が活発になっているというニュースを聞いたある日、記者の友人の女性から一本の電話がかかってきた。

「売春婦に間違えられたんだけど、これってどういうこと？」

怒気を帯びた声に耳を傾けた。電話の主は20代後半の保育士。髪の毛こそ茶色に染めているものの、日々、子どもたちと向き合いながら、真面目に人生を歩んでいる女性だ。そんな彼女の口から、「バイシュン」という言葉を聞くこと自体が異様だった。

彼女が説明するには、友人の結婚式に出席するため訪れたハワイでのこと。多忙な仕事の合間を縫って、渡航した彼女だったが、ホノルル空港に到着すると、イミグレーションで突如別室に連行された。

入国審査官に入国の目的と職業を聞かれた。彼女は正直に答えたのだが、その後別室へ案内され、スーツケースを開けるよう指示された。そこに入っていたノースリーブのドレスを審査官たちが見つけた瞬間、向けられる視線が変わったという。

「これはなんだ?」との問いに、友人の結婚式用のドレスだと答えたにもかかわらず、何度もしつこく投げかけられた問いがあった。

「売春目的の渡航ではないのか?」

スマホを取り上げられ、通信内容も調べられた。屈辱的な時間だった。

友人がホテルの予約をしていたことも疑念に拍車をかけた。

「エージェントが手配した部屋ではないのか」

まるで筋書きができているかのような取り調べは堂々巡りで、4時間を経てようやく、友人の結婚式場のスタッフが駆けつけ、身元保証をすることで入国が許されたという。

その間、彼女は取調室で彼女のほかにも4人の日本人女性が同じように問い詰められているのを目にしていた。

入国審査官は疑いが晴れるや、彼女に笑顔を向けて「ハワイを楽しんで」と言い放ったというが「日本人女性の売春が多いからあなたも気をつけて」と付け加えたという。

この話を聞いたとき、頭をよぎったのは学生時代に学んだ「からゆきさん」のことだった。

19世紀後半から20世紀初頭にかけて、日本の農村で貧困にあえぐ多くの若い女性たちが、主に東南アジアや中国、ロシアに渡り、家族を養うためにカラダを売った、という歴史がある。

急速な近代化に伴い、故郷を追われ、異国の地で性的に搾取されていった彼女たちは、まさに国力が弱かった時代、幕末から明治、大正時代の「影」そのものだった。

だが、今は令和だ。かつての貧困を背景にした「犠牲」はすでに過去のものだと思い込んでいる現代において、再びそんな「影」が見え隠れする現実は到底理解することができなかった。

「からゆきさん」は歴史上の話ではないのか？

保育士からの電話は、このあと1年以上続く、辛くて陰鬱な取材の始まりを告げるものだった。

結論から言う。海を越え、カラダを売る日本人女性は確かに存在した。それも想像以上に多くの女性たちが、今なお、この瞬間も海外に向かっている。

なぜ彼女たちは海を渡るのか。テレビのワイドショーのコメンテーターたちは「円安」

「経済苦」などと得意げに語るが、それだけでは決して説明はつかないと思った。

「からゆきさん」から100年以上の時を経て浮上した日本人売春婦たち。

両者は一見して無関係に思えるかもしれないが、海を渡り、わざわざ異国の地でカラダを売るという行為の根底には、日本社会の本質的な歪みと、この国が抱える闇が横たわっていると思った。

本書では、「海外出稼ぎ売春」という現象を体系的に捉えるため、さまざまな方法を駆使して関係者に接触、そして多くの当事者に聞き取り取材を行った。

韓国では、売春に従事する日本人女性たちへの潜入取材を試み、さらにカナダでは売春宿のオーナーへの取材も敢行した。また、売春を取り締まる側の警察や、送り出す側のエージェントやスカウトにも話を聞き、現代における「からゆきさん像」を活写することにした。

すると図らずも浮かび上がってきたのは令和という時代の「影」そのものだった——。

目次

※本文中の金額は2024年11月の為替レートを使い算出している

序章

時代の映し鏡

「列島の少女たち」

「聞いてくださいよ〜」

会議室にいつも通り、そして調子よく現れたのは、韓国出身の男性フリー記者だった。勢いよくドアを開け、ドッカと腰掛けると、手に持っていた新聞をガサガサと音をたてて広げてみせた。会議開始からもう25分だというのに遅刻を詫びることもない。

「この前、久しぶりに韓国語で会話したくて鶯谷の韓デリ（韓国人専門をうたうデリヘル）を呼んだら、来たのが中国人だったんですよ。『ニイハオ！』なんて言うものだから、送ってきたドライバーと大喧嘩しちゃって」

会議室には乾いた笑いが起こった——。

2024年5月、どこで聞きつけたのかは知らないが、このところ話題となっていた、海外出稼ぎのネタを深掘りしようとしていた取材班のもとにネタを持ち込みたいと、この記者から相談があったのだ。韓国人記者は「ツカミはOK」といわんばかりに話を続ける。

「でもね、ちょっとホッとしたところもあったんですよ。やはり同胞が海外でカラダを売ってるなんて恥ですから、ハジ！　それに比べて日本人はどうなってるんデスか？」

そう言うと、韓国で最大手の保守系新聞「朝鮮日報」のハングルの紙面を指さした。

「江南で一回最大１５５万ウォンを受け取った…〝列島の少女〟性売買の手口」（5月11日付 朝鮮日報）

韓国人記者はそうタイトルを読み上げると、少し大げさに記事の内容を説明する。それは韓国内で日本人を売春させていたという闇組織の摘発を報じた記事だった。

ソウル・江南や京畿道盆唐で組織的に日本人女性の売春をあっせんしてきた一味が警察に捕まった。この組織は「列島の少女たち」というタイトルの広告文をインターネット上に掲載し、売春料金として最高１５５万ウォン（約18万円）を受け取った。日本人女性が組織的な売春をして摘発されたのは初めてだ。

捜査の過程で、実際に売春をしていた20代の日本人女性3人が検挙されたとも伝えられている。3人は「観光目的」で入国した上で売春に勤しみ、一度で最大18万円ほどの金額を受け取っていた疑いが持たれているというのだ。

そして一拍おき、韓国人記者の声量がさらに上がった。

「ここからが重要ですよ。なんと記事によると売春をしていたのは3人だけじゃなくて80人ほどの日本人女性が働いていた記録も残っていたそうですよ」

韓国人記者の演説のような話ぶりに、顔を見合わせる取材班。確かに80人は決して少なくない数だ。続きが気になった。

その記事では売春の手口までも伝えていた。

売春あっせん業者とスタッフは昨年末からネット上の売買春サイトに「列島の少女たち」というタイトルで広告を掲載し営業していた。学校をコンセプトに、主に学校の制服を着ている女性たちの写真と料金を載せていた。そのほかに、ほぼ裸の女性たちの写真も掲載してあった。スリーサイズや韓国語ができるかどうかも書いてあったという。料金は18万ウォンから155万ウォンだった。

闇組織は日本の〝女子校〟をコンセプトにしている「列島の少女たち」というサイトを作り集客していた。摘発の前に朝鮮日報の記者が客になりすましてメッセージを送ると、「担任の先生」を名乗る人物から返信が来た、と小バカにしているような記載があり、記事は保守系新聞らしくこう締めくくられている。

日本人女性が韓国に来て売春行為をすることは、最近の韓日の所得や為替レートと関連があるとみられる。日本の大卒新入社員の月給は22万円（約193万ウォン）で、韓国の最低賃金（206万ウォン）より少ない。また、円安ウォン高が進んだことも挙げられる。女性学者のホ・ミンスク国会立法調査処立法調査官は「日本人女性が韓国に来て売春をするのは、経費や宿泊費を差し引いても自国より大きな経済的利益を得ることができるためだ。20代初めの女性が個人で自発的に韓国に来て売春をするのは容易でないため、組織や仲介人が必ず介入していると思われる」と語った。

韓国人記者は「日本人が韓国で売春をするのは、大卒初任給で韓国に抜かれた日本の貧しさが原因ではないか、とまるで勝ち誇ったようなオチをつけているが、どう思いますか？」と得意げだ。そして、その「列島の少女たち」のサイトを我々取材班に仰々しく開いてみせた。

「100%純血の日本人」

韓国人記者のサムスン製スマホの画面には、日本の少女アニメのような絵柄が並び、スクロールすればハングルが浮かび上がってくる。さらにスクロールを続ければ、日本の高校の制服のような衣装を着た童顔の女の子たちが次々と現れる。闇組織が「商品」として売っていた20代の日本人女性たちだろう。女の子はみなにっこりと微笑んでいる。

「100%純血の日本人」

サイトではこんなキャッチフレーズも使われているという。

これまで韓国で日本人が売春をしているという噂を聞くことはあったが、実際にそれが露見することはなかった。

ハングルで「列島の少女たち」「まもなく登校します」「今日の出席簿」などの文字が並ぶ

誰が、どこで、どんなふうに春を売っているのか。日本のメディアはもちろん、SNSの類いでもさらされているのを見たことはなかったからだ。日本人の売春があったとしても小規模にやっているだけだろう、多くの日本人と同様にそう思い込んでいた。

しかし、韓国人記者はこの点について説明を加えた。

「韓国で売春は違法です。だから日本人を〝買える〟のは韓国人だけと決まっている。身分証や韓国国内の携帯電話の番号、さらには勤め先の名刺まで写メして送らないと女を紹介してくれない。事前チェックが日本と比べものにならないほど厳しいんです」

違法とはいえ、韓国でいわゆる本番行為を行う風俗店が無いわけではない。そして、実際に外国人客を受け入れる店があるのも事実だ。つとに有名なのは「カラオケ」だろう。

「100％日本人」「韓国女性とはマインドが違います」「純正血統S級だけを取り扱います」と書かれている

日本のカラオケボックスのような個室にいると、女の子がゾロゾロと入ってくる。その中から一人を選び、一緒に酒を飲み、適当に歌って最低限のコミュニケーションを図る。そして、その後はホテルへ移動して、本番行為を行う。これはあくまでもカラオケという名目で、売春の証拠を残さないためのシステムだ。韓国人であればこういう店があることは誰もが知っている。ただ、経営者のほうも当局に賄賂を使い、摘発されないように細工をしている。

また「マッサージ店」を隠れ蓑にした店も存在する。そこでは視覚障害者が本格的なマッサージをしてくれるのだが、マッサージが終わり、しばらくすると別の女の子がやってきて、本番行為をする流れになっている。こういった店を摘発してしまえば、視覚障害者の職を奪うことにもなるので、当局は黙認せざるをえないとまことしやかに語られている。要は日本のソープランドが「自由恋愛」の体裁を取っているように、韓国でも、「公序良俗ギリギリを保つ」グレーゾーンの風俗が存在しているのだ。

しかし、朝鮮日報で報じられていた売春の方法はどう考えてもそうしたグレーゾーンすら成り立たない形態だ。サイトを見て、ネットショッピングのように日本人を買っているのだから。

伝統的マフィアとアングラ組織

その韓国人記者の説明では、韓国で黙認されている風俗と、「列島の少女たち」に代表される〝地下風俗〟には大きな違いがある。それは韓国の伝統的風俗店が〝確固な組織〟、日本で言えば、ヤクザのような伝統的なマフィアが関わっているのに対し、地下風俗はアングラ、つまり実態がよくわからない、個人とも組織とも判別不能な輩が経営しているという点だという。

韓国のマフィアであれば、警察や権力者とそれなりに持ちつ持たれつでやっているのが実態なのだが、地下組織はそうではない。韓国はお国柄なのか、地下組織を徹底的に排除したがる傾向にあるというのだ。それは北朝鮮という得体の知れない国家とにらみ合っていることに起因することは容易に推し量ることができる。北の工作員が地下組織で暗躍し、なんらかの事件に関わっているという事例が後を絶たないのだ。それを証明するかのように韓国では警察の110番、救急の119番と同じく、工作員を通報する「111番」が今なお存在している。

「地下組織っていう情報が漏れた瞬間に摘発されるから、徹底的に存在が漏れないようにやっているんですよ。日本にいたんじゃ、韓国の新聞を読む以上の情報は取れないだろうけど、実際に行って取材したほうがいいと思いませんか？　朝鮮日報は日本でいう読売新聞、記事の信憑性も相当高いから、ガセを摑まされる可能性は低いと思う」と韓国人記者は押しの一手だ。

韓国の読売新聞だから記事の信頼性が担保されるかどうかは別として、実際に取材をすることに取材班の誰も異論はなかった。日本人が気づかないところで、日本人の経済観念の崩壊が起きているのでは——そんな予感を十分に感じさせる話だった。

さかのぼること20年、２０００年代初頭は、東京の新宿・歌舞伎町と新大久保の間のラブホテル街には韓国人や中国人、さらに東ヨーロッパ系の女性が何十人も辻に立ち、酔客に声をかけては、春をひさいでいた。それが２０１０年代になると女性たちは東南アジア出身に変わっていき、今や歌舞伎町に立っているのは大半が日本人、しかも年端のいかない少女が大半だ。

性産業は〝時代の映し鏡〟。そんな使い古された言葉が頭に浮かんできた——。

第1章

韓国・ソウル（前編）

——風俗嬢ナオの証言

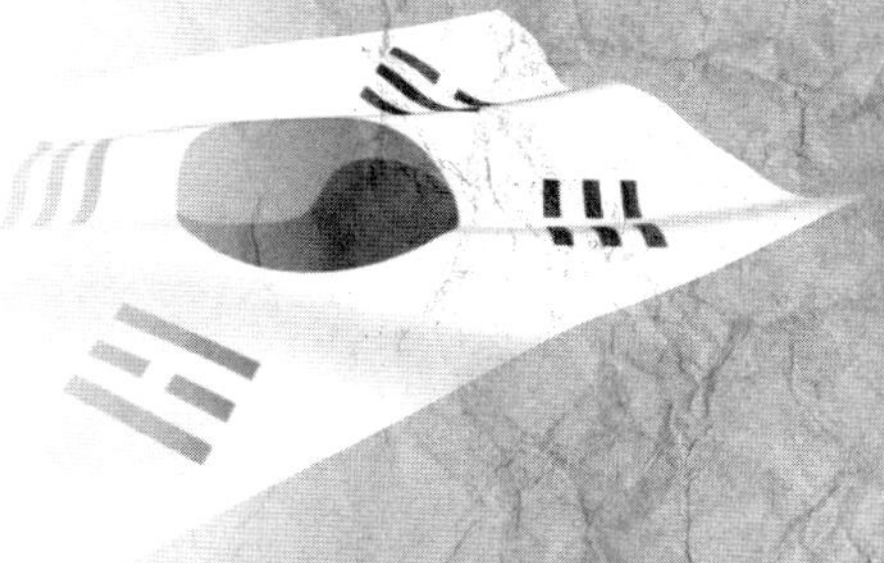

在日韓国人2世のケツ持ち

「韓国で売春する日本人女性」の企画が通り、仕事にありついたものの、当初は途方に暮れていたことは今だから明かせる。

取材のとっかかりとして期待していたネタ元から香ばしい話を聞けなかったのだ。そればかりか、クギを刺されてしまった。

日本に住む在日韓国人2世。30代のその男、イ・ヨンホ（仮名）は、韓国から来た風俗で働く女性の世話人のようなことをやっていた人物だ。同胞の女の子がやってくると聞けば部屋を用意し、その女の子が客とトラブルになれば出張っていき、ケツを持つ。まさに日本の闇社会を生き抜いてきたと言ってもいいだろう。

イと新大久保の韓国料理店でＴＥＲＲＡ（韓国で人気のビール）とポッサム（ゆで豚）に舌鼓を打ちながら世間話を交わしていたときだった。

「本当に時代が変わったよね。ひと昔前は、同胞の風俗女は20代後半になり、売れなくなったら、最後のチャンスとして、韓国から日本にやってきてひと稼ぎするというのがある種のセオリーだった。けれども、今では誰も日本に来たがらない。そりゃそうだ、日本に来たって大して稼げないんだから。それなら韓国で細々とカラダを売っていたほうがいい。むしろ今や日本人がバンバン韓国に行ってる。だからオレの仕事はもうおしまいだよ」

そう嘆くものの、風俗業界での横のつながりは現在も健在だろう。記者はイに日本人の出稼ぎ売春の取材をしたい旨を伝え、韓国の日本人女性をあっせんする元締やエージェントについて何か知っていることはないかと問うてみた。するとイはビールを手酌しながら吐き捨てるように言った。

「やめとけ！　あいつらは本当に危ないやつらだから。関わらないほうがいい。マジで怖いからな……」

危ないとは具体的にどのレベルだろう。記者とて危ない橋は幾度も渡ってきている。

「普通の風俗店ってのは客に何回も遊んでもらうほうがいいに決まってる。〝細く長く〟が商売の基本だ。でもあいつらは〝太く短く〟だ。いつパクられるかわからないから無理をしたがる。つまり違法だってことを逆手にとって、美人局みたいなことも平気でやるんだ。女とヤッているところを隠し撮りしておいて、それを脅しのネタにしてカネをむしるなんて話もよく聞く。いいか、忠告しておく。取材で女たちと接触しても、得体のしれない〝地下風俗〟で本番は絶対にするな」

闇社会で生きてきた人間の「怖い」は一般人のそれと重みが違う。薄い韓国ビールで酔っているわけではない様子からも、本気で忠告しているのだろう。気が重くなったが、記者として逃げ出すことはできない。しかし、韓国出張の指令は早々に下った。

コチュジャンの味

2024年8月、羽田発金浦《きんぽ》空港行きの大韓航空機に乗り込んだ。夏休みという事情もあってか、機内には大学生くらいの年齢の女の子が目立つ。記者の前に座っていた3人組は、これから舌鼓を打つであろう韓国グルメの話題に花を咲かせている。しかしそのなかで、明らかにひとり旅と思しき女も機内にちらほら見られた。

そのひとりは3人掛けシートの通路側に座る記者の2つ隣に座っていた。記者の右側、真ん中に座るビジネスマン風の韓国人中年男性の隣。ワイヤレスイヤホンを耳に差しこみ、ひとりの世界に浸っている。女性の容姿を形容する無礼が許されるなら「地味」と表現するのが適切だろうか。目的は観光だろう。記者は胸をなで下ろし、しばらく目をつむった。

羽田を飛び立った飛行機は3時間もすればソウルに到着する。

機体が上昇し、水平飛行に移るとすぐに機内食が供される。大韓航空といえば、ビビンパ（まぜご飯）用の小さいチューブのコチュジャンが必ずついてくる。もはや名物だと言っていい。しかし、このコチュジャンは炒めているため、辛さがマイルドになっている。

この大韓航空名物のコチュジャンを食べてこそ、「韓国に帰るんだ」と実感する韓国人も少なくないだろう。韓国生まれの韓国人である記者もその一人だ。ただ、日本人には、機内に充満するそのコチュジャンの匂いを嫌う人も少なくない。実際、日本人の知人からは「キツかった」という感想をしばしば聞かされる。

しかし、前に座る女子大生風の日本人グループも、2つ隣に座る一人旅の女性も躊躇なくご飯の上にコチュジャンを搾っている。今や日本では韓国ブーム。本格的な韓国料理は日本のどこでも食べられる。この子たちもそうした韓国料理は食べ慣れているのだろう。ここ数年、韓国に里帰りするたびに妙な感慨を覚える。

ソウル郊外の「ドン・キホーテ」

昼前にソウルに着くと、記者は韓国の「ネタ元」から聞いたある街にまっすぐ向かった。

ネタ元といえばカッコいい。実は記者の20代前半の兵役時代、軍隊で同じ釜の飯を食った同期だ。数十人の知り合い、とくに兵役時代の男に声をかければ一人くらい風俗好きがいるものだ。そしてそういう者こそ、聞けば嬉々として〝生の情報〟をくれる。

ソウルの中心部から車で30分ほどの郊外「イルサン（一山）」。1988年のソウルオリンピックを契機に、首都圏に人口が集中することを恐れて、人口を分散させるため始まった「新都市計画」。その際造られた新しい街のひとつだ。日本のアウトレットモールを思わせる整然とした街並みが続く街でもある。街頭の時計は午後1時を指していた。

「イルサンには間違いなく日本人女性だけが働いている風俗店がある。でも、その店は怖いお兄さんが出てくるようなところではないから、安心して取材できるよ（笑）」

風俗好きの同期は記者を危険な目に遭わせないようわざわざ〝事前取材〟をしてくれたらしい。「完全なエスコートぶりだろう？」。そう自慢げに語っていた。

その店は「ドン・キホーテ」という。スペインの小説のタイトルを冠した店名と思いきや、同期が送ってくれたリンクを開くと、日本の有名ディスカウントショップを模したというか、完全にパクったロゴがスマホの画面に燦然と輝いていた。

ディスカウントショップの「ドン・キホーテ」は韓国でも有名で、観光で日本に行った際は、大量に土産を買う店として必ずガイドブックに載っている。こちらのサイトをよく見ると、「ドン・キホーテ」のキャラクターと瓜二つの「ペンギン」もおり、ご丁寧に日の丸まで掲げられている。そこには基本料金として40分で17万ウォン（約1万8000円）という料金が書かれていた。

それは韓国人女性の相場より、3割ほど割高な料金設定だった。

サイトには顔出しの日本人女性の画像が5人分並んでいた。しかもそれぞれが水着姿や制服姿で、写真の数も充実している。

日本人女性のプロフィール欄を開くと、女の子ができるオプションが事細かに書かれていた。「生中6万ウォン」、「口内射精2万ウォン」。さらには「AV撮影25万ウォン」と謳うものもあった。

AV撮影？　本当にそんなことまでもやらされているのかという、疑念と興味が入り混じる。ただ、そのサイトにはどうやったら遊べるのかという説明が一切ない。住所も

「一山」とは書かれているが、それ以上はどこで営業しているのかも記されていない。携帯の番号が唯一の手がかりで、「予約時に詳細を案内する」といかにも怪しげな表記だ。これでは同期を信じるしかない。

潜入取材

いきなり電話をかけるのは気後れがするので、サイトに記載してある電話番号を韓国で最もメジャーなメッセージアプリ「カカオトーク」（日本でいうな

韓国の有名風俗店「ドン・キホーテ」。プロフィールには「Aクラス」など女の子のランク分けがされている

らＬＩＮＥ）に登録し、まずは、テキストメッセージを送ってみた。文字ならやりとりの証拠が残るし、もし実際に潜入取材をするなら、声バレしにくいという読みもあった。

「今日、利用できますか？」と簡単なメッセージを送ると、10分後に、いかにもビジネスライクな返信があった。

「電話で予約をお願いします」

カカオトークでは詳細を明かせないということなのだろう。記者は相手の指示通りに電話をして、再度同じ質問を投げかけた。

「今日、利用できますか？」

「はい。可能ですが、初めてですか？　名刺はお持ちですか？」

意外と若い男の声だった。

「えっ？　名刺？　ありますけど……」

同期から言われた通りだったが、一応戸惑いの素振りを見せる。

「名刺と身分証明書を撮影して送ってください」

「それは絶対に必要ですか？……」

「なければ利用はできません」

交渉の余地はない、ときっぱりとした口調で返された。

この厳重な身元確認は、売春業者が警察の取り締まりを避けるためにほかならない。闇の世界に足を踏み入れた、というヒリヒリ感が湧き上がってくる。

記者は取材のためにあらかじめ用意していた偽の会社名が入った名刺と、こちらは本物の身分証明書を撮影して送信する。さすがに名刺の電話番号にかけて在籍確認まではしないだろう。

写真を送って1分もたたないうちに業者から折り返しの電話がかかってきた。

予想外の人気店

「何時に来られますか？」と開口一番業者は言う。偽の名刺はバレていないようだ。ただ、正確な場所がわからないので返答に窮した。

「逆に何時がいいですか？」

「フリーで良ければ……5時なら空いてますよ」

腕時計を見るとまだ午後1時を15分ほど回ったところだった。昼の時間帯ならそこまで混み合ってないだろうと思っていたが、指定されたのは4時間後だ。それほど人気なのか……。

記者はそれでも構わないと答えたうえで質問を続けた。

「AV撮影オプションとはなんですか？」

「お好きなように撮影できますよ」

「顔は写してもいいんですか？」

「顔を写すと25万ウォン（約2万6000円）、写さなければ15万ウォン（約1万6000円ですが、顔を写さずに撮影するのはほぼ不可能なので、みんな顔アリでやってますよ」

選択肢はあってないようなものなのか。

「支払いはどうすればいいんですか？」

「直接女の子に渡してください」

それならたくさんのカネを落としたほうが女の子も口が軽くなるだろうと踏んだ。顔撮影アリで予約をし、ひとまず電話を切った。するとすぐにショートメッセージで住所が送られてきた。そしてこうも書かれていた。

「5時に店の前に着いたら再び連絡をください」

その住所は、17階建ての古びた住居兼オフィスビルだった。1階にはコンビニがあり、住人らしき人の姿も見かける。到着したのは午後2時、指定された時間までは3時間はあったが、はたしてどんな人物が出入りするのか見ておこうと思ったのだ。

建物の内部に入り少しばかり偵察していると、郵便受けに入りきらない郵便物やチラシが散乱していた。お世辞にも環境はよくない、そんなイメージのビルだ。通常のワンルームを借りるとしたら、家賃は日本円で5万円程度ではないだろうか。

記者はマンションの出入りが望めるカフェを見つけると、窓側に陣取り3時間出入りの観察を続けた。結論から言うと、風俗客や風俗嬢とおぼしき人物は皆無だった。

出入りは多いものの、ビジネスマン風やコンビニ袋を提げた住人らしき人ばかりで、日本の鶯谷や歌舞伎町で、欲望剥き出しでキョロキョロしているような挙動不審な男は皆無だった。

古びた住居兼オフィスビル

ぼんやりと外を眺めながら２杯目の薄いコーヒーをすすり終えると、午後５時を迎えた。記者は、出入り口の前で再び電話をかけた。

「到着しました……」

「では５２９号室に上がってください」

ここで場所が初めて明かされた。やりとりのすべてを電話で行うのは、当局に摘発されたときに備え、証拠を残さないためであろう。

エレベーターに乗り込んだ。古びた外観と違わず、カビ臭いにおいが立ち込めている。５階に着くと、ビルを覆う不穏な空気感は一段と濃くなった。

かつては白かったであろう壁は薄汚れており、無機質な鉄製のドアが等間隔に並んでいる。刑務所や拘置所の独居房のようだ。どの部屋かは定かではないが、テレビかラジオか、音楽混じりの音がひっきりなしに漏れ聞こえている。カビのにおい、にんにくなどの生活臭も混じり、鼻を突いた。

鼻を手で覆いたくなる衝動を抑え、「５２９」と書かれたトビラの前に立つ。

古びたオフィスビル。風俗店のある気配はまったくない

もう後戻りはできない……。

潜入取材特有の緊張感を自覚した。心臓の鼓動が激しくなるのを覚えながら、ゆっくりとインターホンを鳴らす。

「ピンポーン」

室内に鳴り響く電子音がドアの外まで漏れてきた。

警戒するように、ゆっくりとドアが開いた。そこにはスリップドレスを着た20歳前後の若い女が立っていた。身長は高く160センチ後半。細身とは言えないまでも太ってはいない。健康的な体格と言っていい。

化粧も薄く、美人というよりは地味。ソウル行きの飛行機に乗っていたひとり旅の日本人女性が思い出された。こんなところでカラダを

乱雑な郵便受け。管理が行き届いていないことが推察される

売っているなどとは到底思えなかったが。

「アンニョン？」

女は緊張する様子も見せずに、韓国語で挨拶すると、記者を部屋にと招き入れた。玄関先に置かれたドラム式洗濯機がゴトゴト回る音が響いている。

部屋は30㎡ほどのワンルーム、なぜかやたらと天井が高い。やはり最初に目に入ったのはベッドだった。セミダブルほどの大きさで、彼女がベッドメイクをしたのか几帳面に枕が2つ並んでいる。その横には買ったばかりと思われるトイレットペーパーのロールが置かれているのが滑稽だった。隅に置かれた小さなテーブルの上には飲みかけのスターバックスの紙カップが置かれていて、生活臭を感じさせる。

オレンジ色の照明が薄暗く灯っていた。10枚以上干されたバスタオルのせいか、エアコンがついているものの湿気がある。壁はところどころひび割れていて、外観同様古さを感じる。女が小ぎれいにしているせいか、決して不潔には思えない。しかし、場末には違いなかった。

どこに座っていいのかわからず、立ったままあたりを見渡すと、天井が高い理由がわかった。ロフトのようなスペースがあるのだ。記者はその空間が気になった。そして、女に韓国語で話しかけた。

「イルミ　モヤ？（名前は？）」

「うん？」

彼女の左目の下にあるほくろがぴくりと動いた。

「イ・ル・ム？（な・ま・え？）」

すぐに女は韓国語をしゃべれないことが理解できた。記者はあえて「日本語は少しならわかるよ」とゆっくりした日本語で声をかけると、女は満面に笑みをたたえた。

「名前？　ナオっていいます」

女は関西なまりだった。記者をソウルに住む韓国人と思ったようで、自分は大阪の出身で、韓国に来てまだ5日目だということをいとも簡単に教えてくれた。記者は用意してきたカネを財布から出す。フリーの基本料金17万ウォンとオプション分の25万ウォン、合わせて42万ウォン（約4万5000円）を渡した。そして、さもここに日本人がいるのが意外だという雰囲気を醸しつつ質問を続けた。

「なんで韓国に来たの？」

　ナオは、テーブルの前の椅子に座って、札を数えながら答える。

「風俗は海外のほうが稼げるって聞いて。アメリカとか、オースト

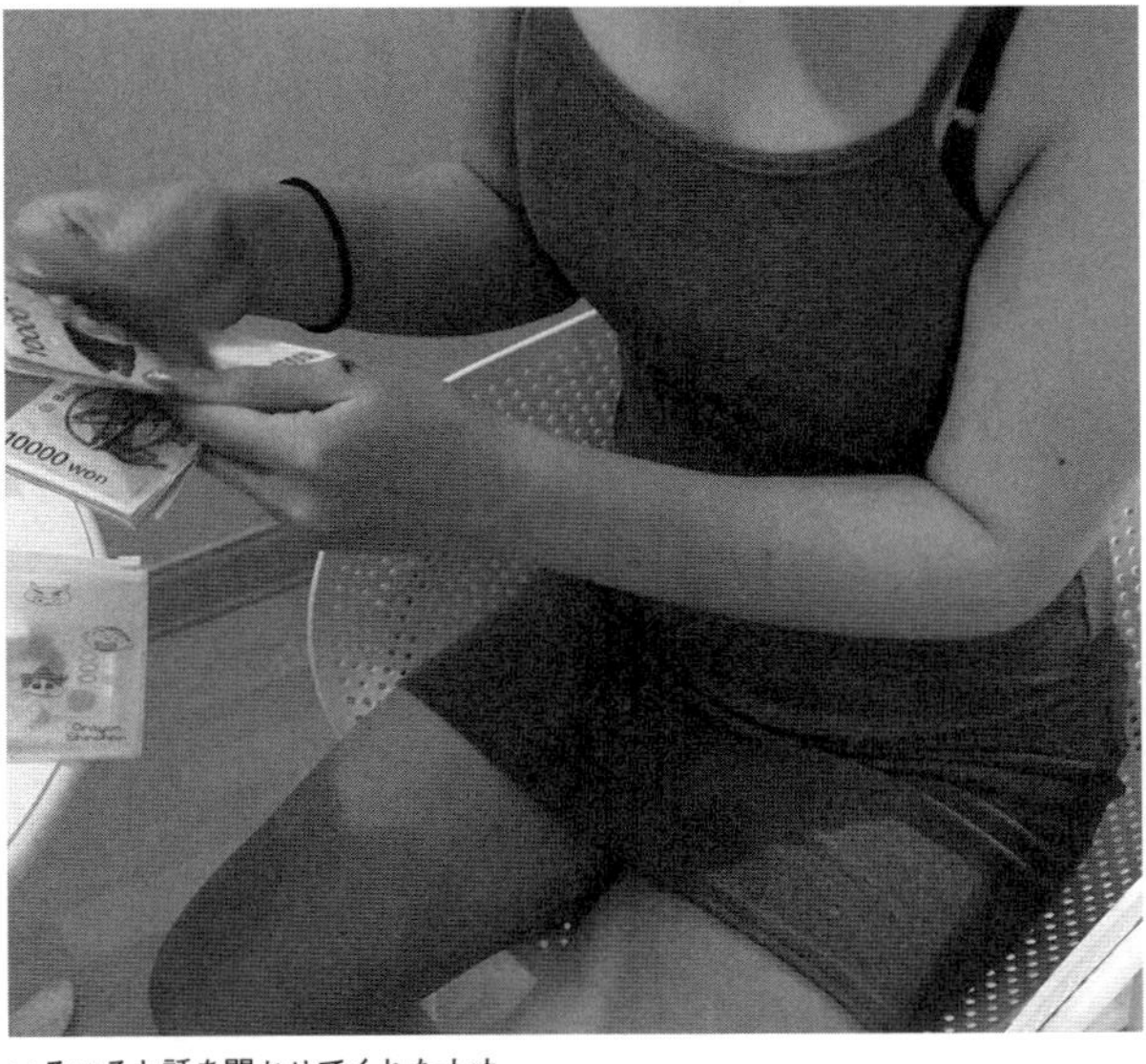

いろいろと話を聞かせてくれたナオ

ラリアとか、韓国のなかで選べたんやけど、ジョングクが好きやから韓国がええかなって……」

ジョングクと聞いてすぐにピンときた。いまや世界的な人気を誇る韓国人アイドルグループBTSのメンバーの名前だ。

いわゆる「推し」がいるからという理由で自らのカラダを売る国に韓国をに選ぶとは。記者にはその気持ちが全く理解できなかったが、話を合わせるしかない。K－POPアイドルへの憧れが、彼女のような若い日本人女性を韓国まで導いたというのであればジョングクは何を思うか。

彼女は目下兵役に服務しているというジョングクへの愛をひと通り語ると、やおら立ち上がり、スリップを脱ぎ始めた。記者は慌てて彼女を制止した。ここのシステムについて聞かなければならないと思ったのだ。

「シャワーを浴びて、やるだけやで」

「どんな流れで進むのか教えてくれる？」

「シャワーを浴びて、やるだけやで（笑）」

あまりに簡潔な説明だった。それはそうだろう。言葉が通じない相手とはそれしかすることはない。ただ、まるでその行為が日常の一部であるかのように淡々とした様子に、純粋に客として来ていたら「その気」にはならなかっただろう。

「あなたはこの場所に住んでるの？」

「そう、韓国にいる間はずっとここ」

「自分の部屋に男が来るって抵抗ない？」

「全然……」

あまりにサバサバしていて、二の句が継げず気まずい空気が流れた。

「そういえばＡＶ撮影のオプションってどうやるの？」

「好きに撮ればいいよ。自分のスマホで」

その答えに驚きつつも、スマホをポケットから取り出してカメラの録画ボタンを押した。いざ撮ろうとするが恥ずかしい。どこをどう撮ればいいのか迷ってしまう。戸惑う記者を見かねたのか、女が明るい声で言う。

「とりあえずシャワー浴びたら⁉」

女はカメラを向けられることに抵抗はないようだ。どうぞ撮って、とばかりにピースサインをカメラに向けてくる。質問を続けていると怪しまれそうなので、女に従い風呂場に向かった。部屋に入ってから20分以上がたっていた。

ゴミ箱の無数の歯ブラシ

風呂場は、トイレと一体になったユニットバスで、ビジネスホテルに置いてあるような使い捨て歯ブラシが置かれていた。足元を見ると、誰が使ったかわからない、使用済みの無数の歯ブラシがゴミ箱に捨てられている。何十本とある。これがナオが取った客の数なのだろうか。

時間は限られていた。急いでバスタオルを腰に巻いて風呂を出る。ナオはすでに何も身に着けていなかった。照明は落とされ、カーテンから漏れる陽の光が女の体のラインを浮き上がらせていた。目を凝らすと脱毛をしているのか、股間は無毛だった。スリップドレスを取り去った胸は大きく、ハリがあった。

この期に及んで服を着てくれとも言いだせず、お互い全裸のまま質問を続ける。

「AVのオプション、つける人は結構いるの？」

「うーん……半分くらいかな？」

「ここに掛かっているタオル、自分で洗ってるの？」

「そやで。全部自分でやらなあかん」

「掃除する人とか、マネジャーみたいに世話をしてくれる人はいないのかな」

「管理人みたいなんがおるけど、LINEで必要なことを話したりするだけやし、基本ひとりで全部やるねん」

　ここのマネジャーは日本語が話せず、スマホの翻訳機能でやりとりしていると話す。食事の予約や生活必需品の注文など必要なことを除けば、マネジャーとはほぼ会話をしないと女は言う。

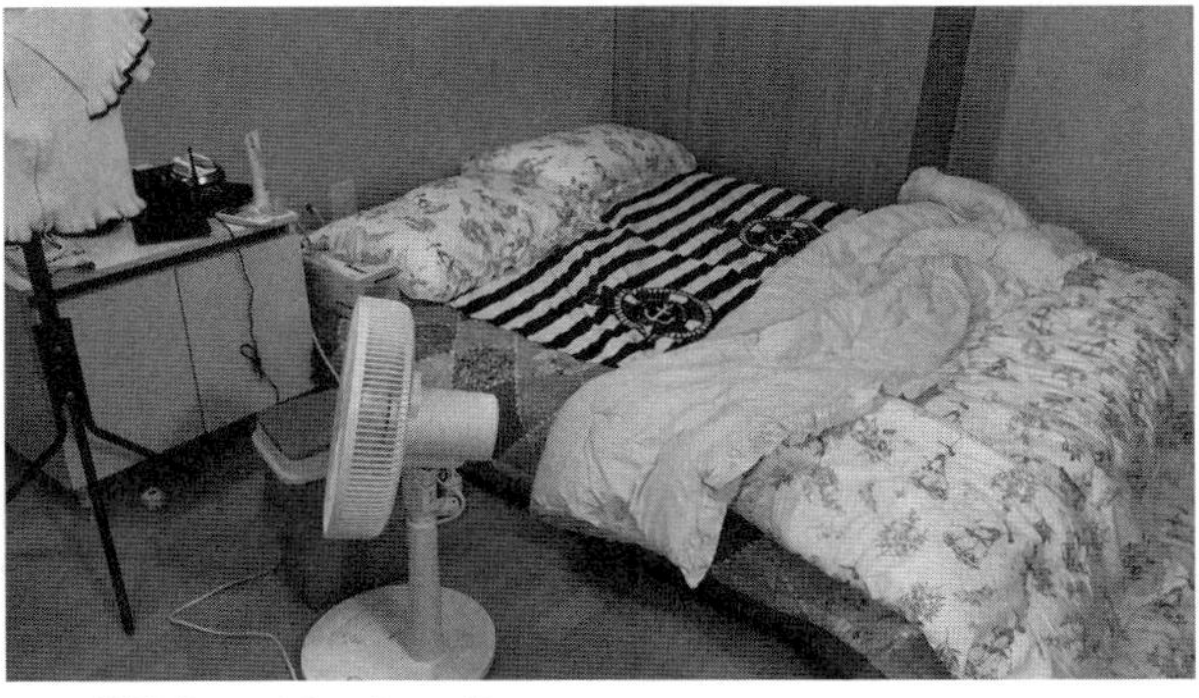
ナオが普段寝ているというベッド

ナオの部屋には生活感があった

一日あたり17万円を稼ぐ

ベッドに敷かれたバスタオルの感触を背中で確かめつつ、横たわるとさらに尋ねた。

「韓国にはいつまでいるの？」

「あと10日かな？」

彼女のような「海外出稼ぎ」は同じ国には15日間滞在というのがひとつのセットだという。観光ビザで入国しているので、それ以上長いと出国の際に疑われることがあるのと、滞在の途中で生理がきて「仕事」ができなくなるからだという。

しかし、その15日間で２５０万円を稼ぐ、というのが韓国での出稼ぎのパッケージだと彼女は言った。

単純計算で、一日あたり17万円弱――。

薄給の記者からするとそれは驚くべき数字だった。気を取り直してさらに聞く。

「２５０万円はいけそうなの？」

「今のところ順調かな！」

女は屈託ない笑顔を見せた。

「客が払ったカネの半分くらいはもらえるものなの？」

ずいぶんと突っ込んだ質問をしたと自分でも後悔したが、異国で母国語を話す記者に心を許したのか、ナオは意に介さず答えた。

「そう、ちょうど半分くらいや」

聞けば、正午から朝の4時までの16時間勤務。コースによって異なるが、今日現在、彼女にはほとんど空きがなく、ほぼ予約で埋まっているというのだ。

空いた時間には、このベッドに寝転んで、スマホで動画サイトを見たり、仕事に使ったバスタオルや自分の身の回りのものを洗濯したり、日本にいる女友達と電話をしたりしている。確かに部屋を見渡すと、パソコンやテレビなどひまを潰せるようなものは何ひとつない。壁の時計の針だけがチクタクと時を刻んでいる。目を凝らすと文字盤にはSEIKOとあった。

「韓国のほうが日本よりお金はもらえるの？」

「まぁ、本番は日本と同じくらいやねんけど、こっちのほうがオプションが高くて」

たしかにAV撮影のオプションつきだと、40分で約4万5000円。決して安くはない。日本で撮影のオプションなどつけるともっと高くなるのではないか、という疑問が湧いたが、あえて口にしなかった。

「ねぇ、話ばかりしてないでそろそろ始める？」

ナオは記者の体をさすり始めた。制することはしなかったが質問は続けた。

「ご飯は何を食べているの？」

ナオはベッタリと体を寄せながら答えた。

「下にコンビニあるやん」

「おいしいものは食べないの？　せっかくだし観光は？」

「お金稼ぎに来たんだから……」

そして何かを思い出したかのように、記者の体をさする手を止めた。

「まぁ……ほんまは、今日ジョングクの誕生日やってんな。ほんで、ソウルに行こうと思ったけど、怖くていけんかった」

言葉が通じない外国でカラダを売りながら、電車でわずか30分ほどの距離にあるソウルに行くのが怖い……理解に苦しむ話だった。

「お兄さん、勃たないね」

記者の頭の中で新大久保で2世のイから忠告された言葉がこだましていた。

（絶対に本番はするな――）

「カレシおんねん……」

それまで饒舌に、そして雰囲気を盛り上げようとしていたナオが急に黙り込んだ。沈黙に耐えきれなくなり、記者は顔をナオの口に近づけた。しかし、避けられた、それは頑なだった。

「なんで？　ダメ？」

「いや……」

「どうして」

「カレシおんねん……」

見ず知らずの男とはカラダを重ね、自らの裸の動画まで撮らせる。それでも唇は奪われたくない。ナオが守ろうとしているものは何なのか、理解が追いつかないが、なにか確信めいたものがあった。

「ひょっとしてホスト？」

「え、なんでわかったん?」

「ホストが女を海外に送るという話をなにかで読んだから……」

「……」

一瞬にして不穏な空気に覆われた。彼女はこれまで見たことのない悲しそうな表情を浮かべた。

「私は違うよ! 来たかったから来ただけ」

否定はするが、自らの意思で韓国に来たわけでないことは明らかだった。かりそめの愛をカネで買ったとしても、自分の愛する男から海外で売春することを強いられた。そしてやってきた先が、これも愛を注いだアイドル、ジョングクがいる韓国だった。皮肉な巡り合わせである。

「もういいから……今日は話をしようよ」

重くなった空気を払拭しようと笑うと、ナオにも笑みが戻った。

「ええの? オプションもつけてくれて、たくさん払ってくれたのに」

「俺は稼いでるから大丈夫。42万ウォンなんて大したカネじゃないから」

精一杯の強がりだ。言うまでもなく記者にとっては涙が出るほどの大金だ。この男にはカラダを開かなくて済むと悟ったナオは饒舌になった。

わずか5日で決めた渡韓

そしてナオは、韓国に来た経緯を話し始めた。

日本でデリヘル嬢だった彼女は、ホストをしている彼氏に入れあげたあげく、自然と借金が膨らんでいった。あくまでナオの口を借りて説明すると、「自分の恋愛にはカネがかかる。そして自分は恋愛を続けたいから、もっとたくさんデートがしたいからお金が必要になった」という。

それは週5回のデリヘル勤務では賄えないほどの〝高額デート〟となっていた。デート場所のほとんどがホストクラブだったのだから、必然の流れだったのかもしれない。「デリヘルに加え、ソープとの掛け持ちの瀬戸際にいたとき、助け舟を出してくれたのも彼氏だった」

とナオは嬉しそうに語るが、やがて、一人の男を紹介されたという。「紹介された」とナオは言ったものの、実際には、ＬＩＮＥを教えられただけの〝紹介〟だった。その男は海外に女を派遣するスカウトだったのだ。

ＬＩＮＥの男は、挨拶もなくぶしつけにメッセージを送ってきた。

「2週間で250（万円）が目安ですけど。どうですか？」

愛する男から紹介されたスカウトの言葉にナオは断る理由が見つからなかった。結局、スカウトとは実際に会うこともなく、韓国に渡ることを決めたという。

本番をする仕事とは聞いていたが、どんな形態なのか、単価がいくらなのか、そのうち自分の取り分がいくらなのかもスカウトに聞くこともしなかったという。

「べつに聞いても、どうしようもないし。こっちに来てからひと通りシステムは説明されたけど、頑張れば2週間で250万円って。それだけで十分かなって」

驚かされたのは、ナオがスカウトを紹介されたのは10日前のことだった。最初に入国5日目と聞いていたので、スカウトの斡旋からたった5日で韓国渡航を決めたことになる。スカウトの仕事の手際のよさと、ナオの妄信的な「愛」は今どきと言っていいのだろうか。

デリヘルで働いていたため、性風俗への抵抗はそこまでなかったのかもしれない。とはいえ、ここまで来て後悔はないのか、素直な感想を尋ねてみた。

「250万円稼いだら、ホストに使う」

「後悔？　なんで」

「例えば韓国の男が日本の男と違ったりして怖いとか、嫌だとか？」

「日本と全然、変わらんよ」

「仕事してて迷惑だった客とかはいなかった？」

「うん、まだおらん。むしろ日本よりもマナーがいい人多いかも。お兄さんみたいな優しい人も多いし」

「客は若い男が多い？」

「若い人が多い。というかおじさんは断ってる」

「断る？」

「お兄さんも最初、身分証送ったでしょ？　それが私にも送られてきてイヤだったら断ってもいいの」

客が窺い知らぬところで個人情報がダダ漏れなのはいい気はしないが、ある意味、働く女性に優しい風俗ということなのか。それとも身バレを徹底的に避けるためなのか。

「残りの10日間、休みはないの?」

「稼ぎにきとるわけやし」

その時、ナオのスマホのアラームが鳴り出した。部屋に入ってからすでに35分がたっていた。

「やってないけど、シャワー浴びる?」

手短に体を洗い、風呂場から出ると、ナオが自分で洗濯しているというタオルを持って待っていてくれた。体を拭いて、服を着る。よく見ると最初に記者が脱ぎ捨てた服はきれいに畳まれていた。

「250万円稼いだら、何に使うの?」

「ホスト(笑)」

それはホストの彼氏なのか、別のホストなのか、あえて聞くのをやめた。

ナオは、根はいい子なのだろう。こんな子にカラダを売らせるために海外にやる男はどんな輩なのだろうか。素性を知りたくて店やホストの名前を聞いてみたが、何ひとつ教えてもらうことができなかった。

そろそろここを出なければならない。玄関で靴を履いていると、背後からナオが思いがけないことを言った。

「ほんまはあかんけど、ＬＩＮＥ交換できる？　韓国で困ったことあったらいろいろ聞きたいし……」

カネを受け取りながらも、仕事を全うしなかった後ろめたさから出た言葉かわからないが、躊躇はなかった。

ＱＲコードを読み取り、連絡先を交換。玄関で向かい合う。最後にナオの顔をもう一度見た。思ったより幼かった。手を振ると、扉が静かに閉まり、ガチャンという音が廊下に響いた。

来たときよりも廊下の臭いは気にならなかった。記者はエレベーターに乗ると下る階数表示を見ながらある思いがよぎった。

間違いなく、ここ韓国で体を売っている日本人女性がいる。それも複数……。

この鶏小屋のようなビルのどこかにはナオの他にも日本人女性がいて、毎日客を取っている。こんな場所はソウルの、いや韓国のその他の場所にもあるに違いない。

韓国ですべきことはまだまだある――。

第2章

韓国・ソウル（後編）

——韓国人コンサルタントCとフリーターアオイの証言

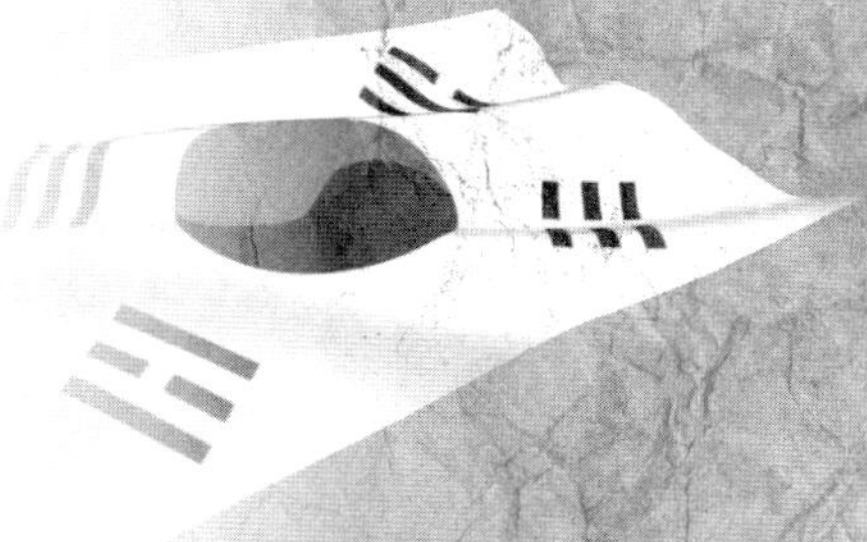

20年前のソウルの情景

ナオと会った翌日、ソウル市内のなじみ深い繁華街を歩いていた。

記者はソウル生まれのソウル育ち。日本でいうなら新宿もしくは渋谷にあたるような地域で生まれ育った。酔客の喧騒が部屋の中まで響いてくるような場所だった。

そんな環境は、勉強よりも遊び歩くことを夢中にさせた。中学を出ると盛り場を徘徊、すぐにタバコや酒の味を覚えた。そんなことをしていたら韓国の競争社会を生き抜くことなどできない、ということは早々に自覚していた。それならばと、日本のマンガが好きだからという理由だけで日本を目指すことにした。そして、独学で日本語を勉強し、日本行きの便に飛び乗ったのがちょうど20年前だ。

この日歩いた通りは、ソウル時代に毎日のようにほっつき歩いていた、自分にとっては「地元」といった場所だ。

大通りに面した一等地の店の姿は20年前の面影はないが、路地が醸し出す猥雑な雰囲気は不思議と今と変わらない。午後7時過ぎだというのに、どこかの店から酒に呑まれ、大声で怒鳴るように話す若者の声が響くさま、肉が焼ける煙の臭い、じっとりと湿った路面など、記者が若かりしころ見ていた景色と遜色ない。

ただ、20年前、韓国には日本人が働く地下風俗などは存在していない。低迷していた韓国経済は、2002年のサッカー日韓ワールドカップを機に浮上していくのだが、それでもバブルが崩壊し、景気の後退局面が鮮明だった日本との経済格差は歴然としていたからだ。

マンガ、J-POP、アダルトビデオ

韓国で日本の音楽、いわゆるJ-POPや映画、ドラマが正式に解禁され、日本の大衆文化が一気になだれ込んだのは2004年。だが、実は、それよりもずっと前から、日本の文化は、暗々裏に消費されてきた。とくに人気だったのが漫画、音楽、そしてアダルトビデオだ。

一方そのころ、日本のアダルトビデオに出演するいわゆるAV女優たちが、韓国や中国、香港などに進出し始めた。その当時の韓国の若者たちは、競うように日本のAVを消費し、そして日本の女性に憧れた。そして、日本の風俗の情報がさまざまなメディア

を通じて伝えられた。

日本の女性を抱きたい――いつしかそう考える韓国人男性が増え始めた。

手の届かない存在だからこそなおさらっだったのかもしれない。

なぜなら、その当時はどうしても日本人と〝一戦交え〟たければ、日本に行くしかなかったからだ。日本では外国人を受け入れる風俗店は多くはなく、我々のような同胞が多く日本に住んでいる韓国人でも、日本語で意思疎通ができなければ、風俗店に出入りすることはできなかった。

こうした背景には、日本の性風俗の文化的な壁があった。当時の日本の風俗産業は外国人に対応する制度が整っていないことが多く、言葉の壁やサービスを受けるための制約が存在したのだ。いわば風俗店は日本人客だけで十分に儲けられていたのだろう。

それでも、なにかしらの方法を使って、日本の風俗に行ったという勇敢な者は、仲間内で語り草になり、韓国人男性から羨望の眼差しを向けられた。間違いなく男同士での飲み会では「ヒーロー」になれた。

そう、日本人女性と〝一戦交えること〟は韓国人男性にとっては憧れを超え、〝夢〟といえるほどに昇華していたと言ってもいい。日本人がブロンド女性に憧れるのとは少し違った理由が存在する。後述するが、その空気は取材するまでもなく、韓国人である自分にはよく理解できる。

韓国の「風俗通」

この日飲み屋街を訪れたのは、風俗の事情通に取材するためだった。「ドン・キホーテ」の情報をくれた同期と旧交を温めるためでもあった。約束の店はなんの特徴もないチキン料理店。気を遣う相手ではないから気取っていないほうが逆にいい。記者は約束の時間の少し前に着いて、ビールを頼むと、お通しのポン菓子をつまんでいた。その同期が現れたのは約20分後。なぜかいい感じに出来上がっていて赤ら顔だった。どこかで飲んでいたのだろう。

実際に顔を合わせるのは久しぶりだったが、懐かしいといった感情が湧いてこないのはここ最近、メッセンジャーアプリで密に連絡を取り合っていたためだろう。

挨拶もそこそこに、その同期はチキンを注文。料理が到着するやいなや、手づかみでかぶりつきながら、自らの情報収集能力を鼻にかける。その〝正確な情報〟に助けられたのは事実だが。

「それにしても、これほど日本人風俗が盛況なのには驚いたよ。まさか3時間待ちとはな……」

記者もビールでチキンを流し込みながら話すと、

「そりゃそうだよ。だって日本人を〝食える〟んだから。韓国人の男なら、そこに多少のリスクがあったとしても、一度は行こうと思うだろう」

その意見には頷かざるを得なかった。

大谷翔平と「しみけん」

韓国で、日本人で「好きな人」、もしくは「憧れの人」は誰か？　などというアンケートを取ったら、間違いなく1位はメジャーリーグのロサンゼルス・ドジャースで活躍する大谷翔平だろう。

ただ、記者と同世代のアラフォーの男性に「羨ましい人」というのを問いかけたら、大谷に並ぶほど票を集めるのは、間違いなくAV男優の「しみけん」だ。

それほど韓国では日本のアダルトビデオ（ＡＶ）が20～30年前からずっと人気を誇っているのだ。

韓国では基本的に日本や欧米のような成人向けビデオは認められていない。モザイクをかけても女性の裸を見せられるのは上半身だけと決まっている。つまりセックスをしたふりをしつつ、胸を必死に揺らしているのが韓国産ＡＶの〝精いっぱい〟なのだ。

当然、思春期の男はそんなものでは満足するはずはない。となれば自然とネットを漁り、日本のＡＶを見るようになるのだ。まだネットが発達していなかった30年ほど前は思春期だった40代以上の男性には、どこからか手に入れた日本のＶＨＳのＡＶがまさに青春そのものだったとしみじみと語る者もいるほどだ。

自国にＡＶ産業が皆無と言ってもいい韓国の男たちにとっては、日本のＡＶ鑑賞は性の目覚めそのものだといっても過言ではない。それを象徴するかのように、挨拶以外で初めて覚えた日本語が「気持ちいい」だったという韓国人も多いという話もある。

これは笑い話の一つだが、韓国人は「気持ちいい」を「キムチ」とよく聞き違える。男子校なんかだと、ノリのいいクラスのヤンチャな男子たちが休み時間に日本のＡＶのセリフを真似る。そこで女優役を仰せつかった男子は下になり「キムチ、キムチ」と喘ぎ、笑いをとるのが定番なのだ。

記者も日本語を勉強し始めて、「気持ちいい」の意味を知ったときには妙に大人になった気がしたのを覚えている。

そして、日本人には理解しがたいかもしれないが、韓国人男性は画面で耳に残っている日本人女性の〝ナマの喘ぎ声〟を直接聞きたいのだ。日本のメディアの中には日本人風俗が海外で人気の理由を、「日本人女性が持つホスピタリティ」と分析しているところもあるが、韓国では「思春期の思い出」が男たちを日本人風俗に足を向けさせる。最近、日本のＡＶ業界もその韓国での異様な熱量にようやく気づいたのだろう。多くのＡＶ女優が韓国人向けのＹｏｕＴｕｂｅを開設していることもうなずける。

伝説の日本人風俗店

男同士が安居酒屋で飲めば、一度は日本のＡＶ女優の話題があがる。これは韓国の日常の一コマなのだ。

ＡＶ女優の話に花を咲かせていると、同期は「伝説になっている日本人風俗店があるのを知っているか？」と問うてきた。聞けば、韓国人の性癖の痒いところにまで手がとどくようなシステムだという。「列島の少女たち」。その店の名を聞いて苦笑した。

「韓国の風俗通」だという同期は人気だった理由をこう話す。

「日本人風俗嬢が世間を騒がせてから調べてみたんだけど、ネットの口コミでは『本番中の日本語の喘ぎ声に興奮した』なんて書き込みが多かった。だけど、普通に考えて言葉の通じない韓国人相手に日本語なんてしゃべらないよな。やはり、店の〝仕掛け人〟が巧みに日本人ブランドを使って宣伝したんだと思う」

なにより風俗店の成功は女の子の質。しかしコンセプトも今や風俗店繁盛の要素として重要視されているのだ。

実は、このような「日本人風俗ブーム」の仕掛け人とも呼べる人物が韓国の地下社会では蠢いている。記者はそうした男と接触することに成功した。風俗のコンサルティング業を生業にしているというCという男だった。

つてをたどり、もちろん付け届けもして取材を持ちかけたところ、条件付きだが応じてくれるという。その条件とは、具体的なビジネスとしては動いてないので、情報漏洩を防ぐため詳細については書かないというものだ。Cが望んだのは、情報交換だった。

新たなビジネスのため、ナマの日本の風俗業界の情報を知りたいというものだった。
その国にいなければ本当の情報は取れないというのは、韓国でも日本でも同じだ。

ソウルの銀座・江南の高級風俗店

同期と朝まで酒をくみかわした翌日、ソウルの江南《カンナム》に向かった。その風俗コンサルタントに指定されたのは一軒の高級カフェだった。江南はハイブランドの旗艦店や、韓国に進出している世界的な企業がオフィスを構える場所だ。日本でいえば銀座に近いだろうか。とにかく成功者が集う街でもある。そして忘れてはいけないのが件の風俗店「列島の少女たち」が拠点を構えている場所でもあるのだ。

江南の大通りに面した100席ほどの大きなカフェ。路面の窓ガラスに面した席で記者を待ち構えていたCと見られる男は、ガリガリの体軀に白髪交じりのスポーツ刈り、それでいてどことなく気の強そうな表情。白いポロシャツ、年季の入った革靴。実年齢は50歳くらいだろうか。老いというよりは貫禄を感じさせる風体だ。

挨拶を交わす。やはりCと名乗った。ふと周りを見回すと、真後ろの席では30代とみられるOL風の2人組がガールズトークに花を咲かせていた。最近出会った男の年収や車がどうのこうのと。ほかにも、明らかにハイブランドの服を着こんだカップル、高級なスーツ姿の男。若いが成功者の雰囲気を醸し出す男女が優雅にくつろいでいた。

しかし、そうした客と比べるとひと回りは上とみられる眼前の男。浮いているわけではないが、記者は「その筋」の空気を嗅ぎ取った。

一杯2000円近いアイスコーヒーをすすりながら、きっちりとした角刈りのCにまずは挨拶代わりの情報提供をする。日本の風俗業界の話なら得意分野である。このあとの〝お返し〟を期待するからか自然と熱を帯びる。Cも満足したかのように、角刈り頭を何度も縦に振った。

記者がひと通り話し終えると、Cは低い声でこう呟いた。

「どうぞ、なんでも聞いてください」

プレゼンは成功したようだ。

いかに日本人女性を集めたのか？

「本格的に日本人女性が韓国で働くようになったのは、ここ1、2年のことですよ。最初は誰もが驚きましたね。日本人女性が韓国でカラダを売るなんて。少し前までは絶対に考えられなかったことですから」

記者は「列島の少女たち」が朝鮮日報に報じられ、その存在が明るみに出たことで、少なからず衝撃を受けた。

その感覚は、韓国の風俗業界で生き永らえてきたこの男も同じだという。ただ、韓国の風俗業界では、日本人女性を呼び寄せれば、間違いなくはやる、という話は古くからなされていたとも話す。そうはいっても、どのようにして日本人をリクルートするかという壁にぶち当ってきた。日本と韓国では経済格差もあった。金銭感覚もまるで違う。ほんの数年前までは夢物語でしかなかったのだ。

目の前でアイスコーヒーをすするこの男Cも、15年以上ここ江南で地下風俗店を経営してきた。しかし、7度目の逮捕をきっかけに経営から手を引き、今は風俗業界専門のコンサルタント業に精を出していると話す。そのコンサル料は1回で1000万ウォン

(約106万円)と高価も、教えを請うものが後を絶たないという。

「やっぱり、年を取ると懲役はキツくなってきますからねぇ」。そうニヤリと笑うが、服役はたったの1年。韓国での違法風俗店経営は微罪と言ってもいい。

記者は、日本人の風俗がここまで知られるようになったきっかけはあるのか、と尋ねてみた。

「やっぱり『列島の少女たち』だよね。一昨年かな。突然、高級繁華街に現れ、〝日本人オフィステル型〟の風俗を立ち上げた連中がいるんです」

「オフィステル」とは、「オフィス」と「ホテル」を組み合わせた造語で、韓国では事務所兼自宅の賃貸物件のことを指す。これは商業地域に多い業態だ。女をそこに住まわせて、客を呼ぶ。日本で言えば、マンションヘルス(通称マンヘル)に近い。

風俗業が非合法であるアジア諸国では、比較的多い業態で、30年ほど前には香港で大流行した。

「その連中はどこからか超上玉の日本人ばかり集めてきて、価格は韓国人女性の3倍以上。それは強気でしたね。でもその価格が逆に信憑性を高めて大成功。おそらく1年間で10億ウォン(約1億600万円)以上は稼いだと思います。まあ、それだけ目立ったから、パクられたということもできるんですけどね。でも、捕まったのは、雇われ店長と運が悪かった女の子3人だけ。『列島の少女たち』という店名と、その内容がセンセーショナルに報じられたおかげで、にわかに日本人風俗に注目が集まり大ブームとなりました。今ではソウルにとどまらず、釜山とか浦項とか大邱とか、地方都市にも広がっているんです。韓国のどこでも簡単に日本人女を食えますよ（笑）」

実際に日本人風俗店のコンサルの経験もあるのだろうか？　ものはついでに聞いてみる。

「それは秘密です。顧客に迷惑がかかるかもしれない。同じ業態なのに、あっちもこっちも手を出していると〝勘違い〟されてなにかと都合が悪い。とはいえ、記者さんが知りたいことには大抵答えられますよ」

日本人風俗に関わっていると暗に認めているようなものだろう。男にタバコをすすめながら、核心を衝く。日本人女性はどこで募集しているのかと。

きっかけはK－POP

「来たがる女の子はたくさんいます。円安もありますが、やはりK－POPの影響が大きいんじゃないですか？『列島の少女たち』も、最初は日本のスカウトが韓国側に接触してきたそうですよ。『こんな子らいるけど、どうです？』って。韓国側からすると願ったり叶ったりでしょうね。損をすることは何もない。それでお飾りの社長役を一人雇って始めてみたんです。『部屋だけ用意すればいい』と言われたそうですよ。飛行機代も食事代も全部日本側が払うからと」

なぜそれがK－POPと関係あるのかいまいちピンとこなかった。

「わざわざ韓国で売春したい人なんていませんよ。ただ、カネが必要で海外で売春をしなくてはいけない状況に追い込まれた若い女の子は、何を基準に行く国を選ぶと思いますか？　それは〝バエる国〟なんですよ。つまり、売春をしていたとしても『韓国に遊びに行っていた』と言えば、女友達から羨ましがられる。『マカオに2～3週間行ってた』なんて言ったら、今の子はポカンでしょ？　逆に眉をひそめられるんじゃないかな」

ナオのLINEのアイコンが推しのK－POPアイドルだったことを思い出した。ナオも日本に帰ったら韓国で遊びまくったと女友達に吹聴するのだろうか。

日本のスカウト（ブローカーと言ったほうが正しいか）は韓国側から紹介料などを受け取っているのだろうか。

「紹介料は、とくにないです。それは韓国も日本も一緒じゃないかな。先にカネのやりとりをして、当の女に逃げられたらそれこそ大損ですから。女の子の売り上げの70％を向こうに送金するという決まりはあります。そのカネが日本のエージェントと女の子の間でどう分けられるかは知る由もありません。ただ、韓国人より歩合は高いです。韓国人の売り上げはせいぜい50％。70％を持っていく日本人はどう転んでもプレミアムなんですよ」

ナオは売り上げの50％が自分の取り分だと言っていたことから、日本にいるスカウトの取り分は20％だろう。その売り上げもどう送金しているのだろうか。しかし、資金洗浄の方法は今どきだった。

「仮想通貨に決まっているでしょう！　簡単にロンダリングできるし、手数料も銀行ほど取られない。店側にはいくら入るかって？　韓国で韓国人を使った地下風俗をやると、女の子を10人くらい使っていたら、マンションの部屋代とか経費を除いた純利益で、月に3000～4000万ウォン（約300万～400万円）ほどが平均的な稼ぎです。毎日100万ウォン以上は現金で店に入ってくる計算。『列島の少女たち』は韓国風俗の3倍の料金を取っていたから……あとは自分で計算してみてください」

こんなに莫大な利益を出す日本人風俗店。韓国では摘発のリスクも大きいはずだ。

「だから儲かるんですよ。韓国風俗のいいところは違法だからこそ、税金がかからない（笑）。日本の、たとえばデリヘルだったら店には法人税が課され、客からカネを受け取った女の子も所得税が天引きされる。それがないってのはイイですよ。こっちの風俗嬢なんてなんでも買っちゃう。飲んで、買い物して、家族にカネを渡しちゃって。もしパクられても、家族にカネ渡しておけば、没収されることはないですから」

違法風俗とはその名の通り法を脱したものだ。その行為には大なり小なりリスクを伴う。しかし、目の前の男はそれのどこが悪いのかと言わんばかりだ。その感覚は長年地下社会でメシを食ってきて培われたものなのだろう。

そんなことを考えていると、質問に答えるだけだった男が問いかけてきた。

「記者さん、ここまで話したことはまぁ地下風俗の関係者なら誰でも知っていますよ。ただ、せっかく日本から来ていただいたんですからひとつ面白い話を教えてあげますよ」

Cは氷がほとんど溶けたコーヒーを口に運んだ。

「さきほど日本人がいる店は地方都市に広がっていると説明しましたね。そういう店はどうやって女の子を集めていると思います？　一年前は必死に日本のエージェントに掛け合い、人を送ってもらっていました。ただ日本の女の子はソウルなどの都会に行きたがる。そうなってくると、地方都市は高い報酬を約束しなければいけなくなる。一方、都会の店はどんどん女の子が集まって、摘発のリスクが上がる。ここまではわかりますか？」

この男のもったいつけた口ぶりに思わず噴き出しそうになったが、「なるほど！」と首を大きく縦に振った。こういう自信家はいい気持ちでしゃべらせておけばどんどん口が軽くなる。

「そんなとき〝列島の少女たち事件〟が起きたんです。つまりソウルの店も〝ほどほどにやる〟必要に迫られたのです。ただ、日本からの売り込みはどんどんくる。通常、スカウトの売り込みを3度断ったら、次はなくなります。そうなるとただでさえ貴重な日本とのコネクションが途絶えることになります。そうして考えられたのが、〝キョンメ〟です」

「キョンメ」とは日本語に訳せば「競り」だ。一瞬、男が何を言っているのか理解できなかった。あらためて問いただす。

「そう、競走馬や家畜なんかを売り買いする競りですよ」

競り場の日本人女性たち

記者の頭の中にはＹｏｕＴｕｂｅで見た、日本の高校の酪農科に通う生徒たちが手塩にかけた和牛を競りにかけ、涙ながらに別れを惜しむというシーンが浮かんだ。そんなものではないことは明らかだ。「そんなことあるんですか⁉」と大げさに驚いてみせると、男は笑みを浮かべた。

「メッセージが残らないテレグラムというアプリに非公開のグループチャットがあるんです。そこに日本側のエージェントが、『こんな子いるよ』『単価１００万円希望、滞在期間７日間希望』となどという情報と、写真やプロフィール、スリーサイズなどを送ってくる。すると、たちまち韓国の風俗店関係者の入札が始まる。

『あ、釜山で欲しいっす！　単価は１０００万ウォンです』というように。今のところ、同じ地域に競合する店はないので、わりとみな地方を代表する感じで『釜山です』『大邱です』と名乗ってくる。

そうなってくると、そこにはS～B級といったようなランクが必然的にできていくんです。女の子の相場みたいもんですね。『胸が大きいから1500万ウォン出します！』といったぐあいに」

容姿がいいと必然的にランクは上がってくるというが、韓国語が話せることも高ポイントを獲得する要素になってくる。美人でスタイルがよく、そのうえ韓国語が話せれば間違いなくS級となる。

同時にランクが下がるごとに、女の子の〝勤務地〟はソウルから遠ざかる。A級はソウル郊外、B級だと地方といった具合に振り分けられる。ソウルから遠くなるほど、単価も下がっていくことになる。その具体的な額が気になった。

「店の稼ぎでいうと、目安はA級が月給5000万ウォン、B級は3000万ウォン、そしてS級になると1億ウォンは余裕で稼げます」

「列島の少女たち」の広告を思い出した。たしか「S級以上だけを取り扱っています！」と書いてあった。広告に謳うぐらいなのだから、このランク分けはユーザーにも浸透していることになる。

昨日会ったナオは15日間で手取り2500万ウォンを目標にすると言っていた。先ほどの話から考えると、店の取り分はだいたい3～5割だから、すくなくとも15日間で、5000万ウォンは稼げるクラスなのだろう。ソウル郊外ならA級はくだらない。そうしたことを併せて考えてみれば、ナオはかなりの稼ぎ頭になるのではないか。充実のオプションがそうさせるのか。

一方で、Cの話が本当ならば、ナオがいたような汚いビルに部屋を用意し、女を〝働かせる〟だけで、ひと月に何百万円というカネを手にしている者がいるということだ。

日本語訳をつけた「列島の少女たち」のホームページ（日本語訳は記者による）

日本なら大々的な組織が糸を引いていることが考えられる。韓国ではどうなのだろう。日本の例を出して、聞いてみる。

「組織？　いやいや、そんな大げさなものではない。オフィステル型は、大体2、3人で回している。昔からあるマッサージやカラオケといった風俗店は、ヤクザがケッモチにいるけど、ヤクザたちもオフィステルは運営者が何者で、どこにいるかがわかっていない。ヤクザっぽい人はそもそも客としても受け付けない。だから簡単、誰でも開業できますよ。

記者は日本で在日韓国人のイから聞かされた話を思い出した

「最初に送った身分証や電話番号で脅されることもあると聞いたんですが……」

「ハハハ！　それはちょっと前の時代ですね。少なくとも日本人の風俗をやっている人たちはそんなコスイことしなくても稼いでますから大丈夫ですよ」

脅されることを恐れて慎重に行動した自分を少し呪った。

「だからこそ、誰にでもできるんです。最初に部屋を借りるだけのまとまったカネがあれば、記者さんもすぐにできる。まあ広告代がちょっとかかるけど、1日で回収できますよ」

さすがはコンサルタント。記者に開業をすすめてくるあたり抜け目がない。それほど簡単な仕事だと思っているのだろう。しかし、リスクは当然考えなければならない。

「リスクがない仕事なんてないでしょう（笑）。もちろん日本人風俗って韓国では話題だし、警察もマークしているだろうから、気をつけなければなりません。それでも、

〝ローリスク・ハイリターン〟だと言えます。サービスの最中に部屋をこじ開けない限り、警察も立証のしようがない。あくまで女の子の部屋での〝自由恋愛〟ですから、大したことにはなりません。あなたの仕事は電話をかけてやってくる客がサツかどうかを見極める。これがいちばんの仕事です」

アイスコーヒーを飲み干したＣは残った氷をガリガリと噛み出した。取材を終わらせろという無言の圧力だろうか。

「もし捕まったとしても、初犯は罰金数百万ウォンで済むから、前科がついていない人間と組んだほうがいいですよ。あともうひとつ。３か月に一度はマンションの部屋を変えなきゃいけない。長くそこにいれば証拠も残る。証拠がないと警察は何もできないから、長居は禁物です」

そう豪語するものの、そのブームの発端となった「列島の少女たち」は摘発されている。自分だったらもっとうまくやったのに、そんなふうにでも言いたげな口ぶりだ。男は氷を全部口に入れると、サムスンの最新型のスマートフォンを「ＧＵＣＣＩ」と書かれたセカンドバッグにしまった。

「そういえば、Ｓ級の女の子に直接取材したいと思いませんか？　実はここ江南に一軒だけ店があるんですよ」

この地で荒稼ぎした「列島の少女たち」が摘発されてまだ3か月ほどなのに、すでに別の店ができているという。韓国では日本人風俗店が雨後の筍のごとく増殖しているのだ。男の申し出は筆者にとって願ったりかなったりだ。大げさに感謝の意を述べる。

「私がワンセット予約するから、その時間は女の子を取材してもOK。ただ、正規の料金だけは払ってあげて！」

「列島の少女たち」の後継店

「ウルトラニッポン」。それが「列島の少女たち」の後継となった店だ。

ウルトラニッポンでは、身分証や名刺の類いは必要なかった。ただ、それは男の紹介だから免除されただけであって、普通の客としていくのであれば必要なのだろう。

男はサムスンのスマホで電話をつなぎ、記者を促してカフェを出ると大通りを歩き始めた。そして歩みを緩めると、急に路地に入った場所で立ち止まる。カフェからわずか2分、まさに江南の中心と言っていい場所だ。ナオがいた古びたマンションとは比べものにならないほど洗練されたビルが目の前にあった。

「ここの302です」

男がスマホから耳を外し、記者に向かって囁いた。

「実りある時間になることを！　今後ともよろしくお願いしますね」

Cは妙にかしこまった挨拶をした。再び電話に戻ると、上にあがれとばかり、人さし指を上に向けるジェスチャーをした。男を待っていたところで電話が終わる気配はない。黙礼して記者はビルに入った。

「今度は客ではない」と自分に言い聞かせてみたが、心臓の鼓動は昨日に増して速かった。このビルはソウル郊外の「ドン・キホーテ」と違って、ワンフロアに2つの部屋しかなく、しかも向かい合う大型マンションタイプだった。ビルは5階建てだから10部屋あるはずだが、住人らしき人影は皆無だ。ナオのマンションと違い、なにかを煮炊きするような匂いも、テレビの音が漏れ聞こえることもなく、静寂に包まれている。なぜか開きっぱなしになっている大きな自動ドアを通り抜け、エレベーターに乗る。エレベーター内の大きな鏡には、中華料理や韓国風チキンなど、出前の広告がベタベタと貼ってある。そこはナオのマンションと似ている。外観とは裏腹に管理は行き届いていないようだった。管理人が常駐するマンションだとこういった商売もできないだろうから、エレベーターの広告はそれを判断するひとつの基準になるかもしれない。

　デジタルの階数表示が「3」を示すと、エレベーターのドアが開いた。目の前に「302」と書かれた部屋があった。

　部屋の前に立ち、ひとつ深呼吸をしてからインターホンを押す。

　ドアの向こうで人の気配がした。自らの心臓の鼓動が聞こえてきた。ドアが開いた。最初は細めに、なにかを確かめると、「こんにちは……」という声がした。周囲を警戒しているのだろうか、囁くようなか細い声だった。

ウルトラニッポンのホームページ。「韓国の女性とマインド自体が違います」と「列島の少女たち」と同様のキャッチがついていた

小柄な少女

声がした直後、ひょっこりと顔を出した少女を見て思わず声をあげそうになった。たとえるなら韓国のガールズアイドルグループＴＷＩＣＥで、台湾出身のツウィ似の美少女だ。身長は１６０センチほど。１７０センチある本人には及ばないが、スラリとした脚。細身でありながら、胸の膨らみは目を瞠るほど豊かだ。肌は白く、まさに「人形」のようだった。そしてその人形は、英語で囁いた。

「Ｃｏｍｅ ｉｎ……」

オーバーサイズのＴシャツにすっぽり包まれた細い体。長い黒髪はＴシャツに柔らかく垂れ下がっていた。記者をしげしげとみつめ、小首をかしげた人形は、ドアが閉まったことを確認すると、今度は明るい声で「アンニョン！」と挨拶した。向かいの住人に男の来訪を悟られたくなかったのだろう。

スタイルのよさとは裏腹に少し鼻にかかった、いわゆるアニメ声。日本なら「萌える」ポイントだろうが、果たして本当に日本人なのだろうか。

少し濡れた髪の毛が、ほんの少し前まで客がいたことを物語っていた。

女はアオイと名乗った。21歳、東京の出身でソウルに来たのは2週間前であり、2週間後には帰国予定だという。要は1か月の契約ということだ。アメリカのペンシルベニアに留学したことがあり、英語はペラペラ。普段は英語で接客しているということだった。

「話だけしたいって人が来るって聞いて、どんな変態かとちょっとドキドキしていたけど、普通のお兄さんでよかった。とりあえず座ってよ」

促がされるままにベッドの端に腰をかけると、くっつくように隣に座った。アメリカ留学のせいだろうか、ノリがいい。オーバーサイズのTシャツ一枚は刺激が強い。

慌てて部屋を見渡す。間取りは「ドン・キホーテ」のときと同じくワンルームだが、広さは半分くらい。洗濯機もテーブルもない。ピンクのカバーが掛けられたダブルベッドがポツンとあるだけで無機質な調度だった。

アオイはここに住んでいるというが、食事はすべて外食で済ませているので、食器など生活必需品は少ないという。仕事の合間に、食事をするために外出するという。口ぶりからは韓国滞在を楽しんでいるように思えた。

30分の仕事の対価としてアオイが受け取るのは35万ウォン（約3万7000円）だ。

アオイが受け取るのは客が店に支払ううちの70％だというから、客はアオイと遊ぶには30分で50万ウォン（約5万3000円）が必要となる。日本でもそれほどの高額な店はさほど多くはない。韓国でも超高級店といっていい。しかし、韓国人の男ならこのレベルの日本人が抱けるなら喜んで出す額だと想像できる。

ふわっと石鹸の香りが鼻をくすぐるが、記者に許されたのは取材のみ。ふと我に返る。アオイは「何が聞きたいの？」と言いたげに記者を覗き込んできた。

数ある国の中からなぜ韓国を選んだのか、と尋ねると、アオイは少し照れくさそうに微笑むと目線を外した。

「K-POPアイドルになりたくて」

「もともとK-POPアイドルになりたくて……若い頃からずっと韓国に来たいと思っていたの。日本でダンスも習っているしね」

若いころといってもまだ21歳だろう。いったい、いつからアイドルを夢見ていたのか。少々違和感を抱くが、アオイの引き締まった体は日々のダンスで鍛え上げられたものなのだろう。しかし、ここにいることでアイドルへの道につながるのだろうか。「ウルトラニッポン」のお得意先に、韓国の有名プロデューサーがいたらそれはそれで違う様相を帯びてくる。

「韓国は初めてかって？　ううん、高校のときに一度と、去年も来た。大好きな国だからとっても楽しかった」

アオイは学生時代に一世を風靡したアイドルグループのＫＡＲＡに憧れ、現在はダンススクールに通いながら日本でも大人気のＫ‐ＰＯＰアイドルａｅｓｐａのカバーなどをしているという。思わず「アイドルになれるんじゃない？　応援するよ」と持ち上げると目を大きく見開いた。

「本当？　なれるかな？　がんばる！」

舌っ足らずで、素直に喜ぶ姿がいじらしい。相手が心を開いたところでプライベートに踏み込む。日本のどこに住んでいるのかを尋ねる。

「東京、新宿のほう。よく飲んでいるからね」

聞けば、やはり歌舞伎町あたりをねぐらにしているという。ホスト通いでないことを祈りつつ、直球を投げてみる。

「ホスト？　うーん。行っていたことあるかな……」

曖昧な答えに気が焦る。30分しか時間がないのだ。

ここに来たのは誰の紹介なのか、稼いだら何がしたいのか、さらなる質問をぶつける。

「友達の紹介。バイトして遊ぶためだよ」と適当な返答をするアオイ。かわそうとしているのが明らかだった。

「ていうか、本当に話だけでいいの？」

そういうとしなをつくり、記者の手を胸に押し当てる。男の扱いには慣れているのか。記者の質問に「NO」を突きつけていることにほかならない。核心に迫ることを断念した。

しかし、あと2週間はここにいるという。

「また会いたいから、来てよね。明日もここにいるから」

もう少し聞きたければ、通ってカネを落とせということか。したたかな彼女に手玉に取られていることに気づいたが、不思議と嫌な気持ちはしなかった。

3日後。別の取材で江南を再び訪れた。その取材が終わったのは午後3時すぎだった。例のビルの近くで「ウルトラニッポン」に電話をかけた。

「アオイ？　今日はいないですね」と電話口の男が言った。

この店を紹介してくれたコンサルの男の名を出し、「アオイは住んでいるのではないか？」としつこく問い詰める。

「実は昨日、日本に帰ってしまったんです……」。

男は申し訳なさそうに言った。これからの２週間はこっちにいるから、いつでも来てねと言っていた彼女に、何があったのだろうか。それともその言葉自体がウソだったのか。もはや理由を知る術はなかった。今後、一生会うことはないだろう。そのとき、隣のカフェからはアオイが憧れるといっていたａｅｓｐａの新曲が流れていた。彼女は本当に「夢」を追いかけていたのか、それとも何かに追われていたのか。真相はわからないまま、韓国での取材は幕を閉じた。ただ確かなのは、この街の地下には無数の「アオイ」と「ナオ」がいることだ。

国境の街

韓国取材から２か月——。日本に帰り、日常に戻っていた記者は、すっかりナオのことを忘れていた。ナオとＬＩＮＥを交換したことを思い出したのは、取材時のメモをもとにこの原稿を書き始めたときだった。

ナオは今も無事、〝カネのかかるデート〟を続けているのだろうか？　ふとそんな疑問が浮かんで、ＬＩＮＥを送ることにした。

時計を見ると午前2時を過ぎていた。相変わらず大阪でデリヘル嬢を続けているなら、まだ起きている時間だろう。

「元気？　俺のこと覚えてる？」

そうメッセージを書いて送信ボタンを押す。妙に胸が高鳴る。「既読」がつくのをじっと待つ。しかし、一向に既読はつかない。期待しすぎるのもよくないなと、コーヒーを淹れ、テラスに出てタバコに火をつけた。タバコの3分の2が灰になった頃、携帯が小さく鳴った。

「覚えてるよ。日本語しゃべれるお兄さん」

ナオからの返信だった。意外と早く返事が来たことに驚きつつ、メッセージのやりとりを続ける。

「覚えているんだ！　ありがとう。元気かなと思って。今は大阪にいるの？」

2分後にLINEの短い返事。

「ううん。韓国にいるよ」

韓国？　目を疑った。

「実はお兄さんと会った時も含めると、もう韓国は3回目だよ」

8月に初めて渡韓してから半月を韓国で過ごし、残りの半月を日本で過ごすというルーティーンを続けているという。売れっ子のK－POPアイドルのような生活だ。

毎月のように数百万ものカネが必要なのは変わらないようだ。ホストの彼氏がいると言っていた。「私の恋愛はカネがかかる」そう自嘲した彼女の言葉がリフレインする。

誰も彼女の生活に口を挟むことはできない。当然記者も、である。ナオに聞くことはもうない――LINEを終わらせようとして、当たり障りのないメッセージを送った。

「まだイルサン（一山）にいるの？　また里帰りしたら会いに行くね」

ナオからは「ありがとう、待っている」。そんな社交辞令が来て会話は終わるはずだった。しかし――。

「今回からパジュって場所にいるの。近くに来たら遊びに来てね！」

記者は「パジュ」という文字を見てコーヒーをこぼしそうになった。

パジュ（坡州）とはソウルの郊外であるイルサンから30キロほど北に行ったところ。板門店がある街、北朝鮮との「国境の街」といったほうがいいだろう。

彼女はそんな現実を知っているのだろうか。それはAランクと言われていたナオのランク落ちを意味していた。

その理由はすぐに推測できた。韓国では風俗の掲示板が充実している。風俗嬢は即座にネットで晒され、拡散される。スマホを繰ると、ナオの口コミはすぐに見つかった。

「一世代遅れの日本製品みたい」

そんな書き込みが散見された。たった3か月でもう「一世代遅れの製品」とは。日本人といえど、遊ぶなら最新のほうがいい、韓国の男たちの本能的な反応だろう。なぜなら日本人風俗嬢は次々と海を渡って、この地へとやってくるのだから。

1年後、ナオがどうなっているのかを想像した。もしかしたら摘発、逮捕され強制送還の憂き目に遭っているかもしれない。生き永らえたとしても、ボロ雑巾のように扱われ、韓国人に見向きもされなくなっているかもしれない。

唯一想像できることは、あの笑顔で〝彼氏への愛〟を語っていないということだ。

第3章
中国・マカオ
――看護師サクラの証言

ステージで買われた女

薄暗い地下の店内に突如、機械的なエレクトロニカルミュージックが鳴り響く。

ガウンを纏ってステージ下に集まっていた中年男たちは「待ってました」とばかりに視線を壇上に送る。

1時間に一回のショータイムが始まった。

最初に登場するのはタイやカンボジアなど東南アジア出身の20~30人の女たち。決まってボディコンのような丈の短いピチピチのドレスを着ている。彼女らは狭いステージ上をランウェイのように練り歩き、ガウンを着た男どもに視線を送って必死に愛想を振りまいている。

黒服がマイクで叫んでいるが、何を言ってるのかはさっぱりわからない。聞こえてくる言葉は中国語だ。

しばらくすると、女たちが黒服に呼ばれ一人また一人と消えてく。ガウンを着た男に寄り添うように。去っていく女は嬉々とした表情にも見える。

ステージ上に残っているのが半分ほどになると、女たちはステージの袖に消えていく。

次に、男に寄り添って消えた女とは対照的に表情はない。

ガランとしたステージには、今度は中国人の女の一団が登場した。彼女らも東南アジアの女たちと同様に満面の笑みでステージを練り歩く。しばらくすると半分ほどが男の腕を取ると去っていった。

この店で撮られた「マカオのサウナ」と題した動画がある。日本人と思しき浴衣の女性たちも

そんな様子を見ながら心の準備をしているひとりの日本人がいた。サクラ（29歳）だ。彼女は黒服からドレスではなく、浴衣を胸がはだけるように着る指示がされていた。サクラは中国人が去ったステージに数人の日本人と、韓国人とともに上がった。その刹那、店は最高潮とも言える盛り上がりを見せた。黒服のマイクパフォーマンスは一段と熱を帯び、それまでとは桁違いの人だかりがステージの周りにできていた。食い入るようにステージを見つめる目、目、目。店内の視線がそこに集まっていた。

マイクの絶叫は何を意味しているのかわからなかったが、サクラは連呼される「リイベンレン」という言葉がやけに耳に残った。リイベンレン――日本人を意味する中国語だと知っていたからだ。

私たちを売り込んでいるのだろう。安っぽい通販番組のようだった。ただ、店内にいる男たちは黒服が「リイベンレン！」と叫ぶたびにサクラを舐めるように見ている。「研修」ではここで客のひとりひとりを見つめ返すように言われていたが、サクラにはできなかった。決して恥ずかしさが理由ではない。なんで自分がこんなことを、といった悔しい感情が込み上げてきたからだ。爆音で流れる電子音楽もサクラの耳にはとうに入ってこなくなっている。タダで供される中華料理を貪りながら、卑猥な視線を向ける中国人男のクチャクチャという咀嚼音だけがサクラの頭にこだましていた。

どのくらいの時間がたったのだろう。黒服がサクラに近づいてきて耳打ちした。「コングラッチュレーションズ！」。自分が選ばれたらしいということを悟った。つまり買われたということだ。

顔を上げるとそこには脂ぎった顔を向ける中年男が目に入った。

これから1時間弱、サクラは大金と引き換えにこの中国人に尽くさなければいけない。日本で待つ「愛する人」のために。

マカオの最高級サウナ

2023年夏、コロナウイルスによるパンデミックは世界的に収束を迎えていた。それはゼロコロナ政策を標榜し、世界一厳しいとされる防疫政策を取っていた中国も同様だった。中国人は3年半ぶりに自由を謳歌することを、絶対的支配者である党から許されたのだ。

そうなると、9割が中国本土からの旅行者と言われる旧ポルトガル領の都市・マカオは一気に息を吹き返した。香港の対岸にある狭い島内に林立するカジノには、中国人が連日押しかけ、一獲千金を夢見る男たちは勝負のあと、高級ホテルに併設される「サウナ」に鉄火場の空気を纏ったまま押し寄せてくるようになった。

むろん、女を買うためだ。マカオでのサウナは合法的な売春の場なのだから、母国ではめられたタガを外すのみ。

マカオで最高級と言われるサウナのひとつは料金を以下のように設定している。

サウナのみ＝１５６８香港ドル（約３万円）
上海式マッサージつき＝１８９８香港ドル（約３万６０００円）
※マカオのサウナは基本的に飲食は全て無料

そして、サウナにいる女と遊ぶとなると格段に料金が上がるのだが、その価格を左右するのは実は女の国籍なのだ。マカオでは容姿よりも国籍が重視されているといっても過言ではない。

現在の相場をおさらいしておくと、左記のようになる。

東南アジア系＝２８８８香港ドル（約５万５０００円）
中国系＝３４８８香港ドル（約６万７０００円）。
ロシア系＝４３８８香港ドル（約８万５０００円）。
日本人・韓国人＝５６８８香港ドル（約11万円）。

マカオにも高級店、大衆店という区分けがあり、料金設定は微妙に変化するが、日本人が最も高額だというのはどこも変わらない。それは裏を返せば、どの店でも日本人女性が働いているという現実を物語っている。日本人女性はもはやマカオでは珍しくなく、カネさえ積めば簡単に買える存在になっている。

記者がマカオで働いていた女性、サクラに接触したのは2023年末だった。旧知の知人の男性から紹介され、都内の貸会議室の一室で待ち合わせた。事前に知人から「こんな子が行くよ」とメッセージとともに、サクラの画像が送られてきたのだが、会議室に入ってきたサクラを見て仰天した。

1年ほど前に撮ったというその写真とはまるで別人なのだ。スマホの中でにっこりと笑うサクラは快活な美人タイプだったが、目の前に現れた女性はこちらが心配になるほど顔色が悪い。死期を悟った重病人と言われても疑わないだろう。

「最近、ちょっと調子の悪い日が多くて」

サクラは戸惑う記者の様子を察してか、努めて明るく言った。空気の読める女性なのだろう。

「こう見えても看護師をやっていたので、大きな病気でないことはわかっています」

サクラは無駄話に付き合いたくないのか、すぐに本筋に入っていった。

「私がマカオで売春していたときのことを聞きたいんですよね？　お話しするのは大丈夫です。ただ、マカオでの話だけじゃなく、なぜマカオに行くことになったのか、そのあとどうなったかもぜひ書いてください。それが取材を受ける条件です」

そう告げると、サクラはマカオに〝漂着〟するまでのいきさつを語り始めた。

コロナ禍に狂わされた人生

東海地方で生まれ育ったというサクラは、本人曰く〝真面目〟な子どもだったという。

〝普通〟に高校を出て看護専門学校を卒業すると地元の大病院に就職。夜勤などもあり仕事はつらくもあったが、看護師という仕事に誇りとやりがいを感じていた。

しかし、20代半ばすぎにコロナ禍に見舞われ、サクラの人生の歯車を狂わせていく。

「あの時は本当にストレスマックスというか、緊張感だらけの毎日だったんです」

コロナ禍前のサクラは、高校時代の友人などと休みの日を合わせ、おいしいものを食べに行くことが何よりの楽しみだったという。たわいもない話をつまみに飲む酒が何よりのストレス発散だった。しかし、コロナ禍以降、コロナ患者を受け入れている医療機関で働いているという現実が、友人を誘うことをためらわせた。

「相手も気を使うだろうし、私に会うのはそもそも嫌だろうし。次第にSNSを見ることだけが楽しみになっていったんです」

著名人やインフルエンサーのSNSを覗くのに飽きると、サクラの関心は煌びやかな世界に移っていった。ブランド物を身に着け、豪華な店で高級酒を飲み、はしゃいでいる人たち。防護服を着て毎日とてつもない緊張感のなかで働く自分とは正反対な人々の姿に惹かれていったのだ。

そして、「何がきっかけかは覚えてない」というが、ひとりの年下男性のインスタグラムを見ることに心を奪われていく。色白で細く、どちらかといえばかわいい感じの顔立ち。その男性のアカウントを見ると、日ごろのストレスが不思議と消え、緊張感から解放されているという自覚があった。その男性の投稿が途切れるとやきもきし、仕事に影響を与えはじめたのだ。

「違う世界の男」。サクラはそう認識していた。実際、それは歌舞伎町で人気のホストのものだったからだ。ただ見ているだけで満足する、そんな気持ちだった。

ホストに興味を持ったことはない。なぜ惹かれてしまったのか不思議だった。

「むしろホストなんて大嫌いでした。上から目線で女を騙すというか。少なくともいいイメージは全くなかったですね」

自分のなかでは、アイドルを応援する「推し活」のようなものであると理解していた。コロナ禍でのソーシャルワーカーとしての自負も持ち合わせていた。歌舞伎町に行けば実際に会えるとはわかっていたものの、そんな気はさらさらなかった。その男が出演するYouTubeを見て満足していた。

2023年5月、コロナが感染症法上の5類に移行されると、あんなに騒いでいたコロナウイルスが、消えてなくなったかのように、世間でも話題にのぼらなくなった。日を追うごとにマスクを外す人が増え、〝日常〟が取り戻されていった。

地域のコロナ療養の最前線だったサクラの病院も、コロナ病棟は縮小され、業務もコロナ前の状態に戻っていった。サクラは3年に及ぶ緊張感からやっと解放され、友人と3年ぶりに食事に行くこともできた。

しかし、満たされなくなっていた。

友人と久しぶりに飲んだ帰り、酔っていたサクラは例のホストにダイレクトメール（DM）を送った。

「どうしてメールを送ったのかは説明できないんですけど。3年も我慢して、地域や社会のためにがんばってきたんだから、ちょっとぐらい贅沢をしてもいいのかな、と。きっと誰かに褒めてほしかったんだろうと思います」

サクラがそのホスト、聖夜（仮名）に送ったDMは極めて常識的なものだった。

「聖夜さんに会いたいので、お店に行きたいのですが、料金体系を教えてください」

相手は歌舞伎町の人気ホスト。すぐには返事が返ってこないだろうとなかば諦めていた。

もともと節約家の彼女だったが、遊ぶことも、ファッションに使うことも、美容に消費することもなかったサクラの預金は、地元のマンション購入の頭金に充てられるほど増えていた。コロナ禍での「特別手当」もあった。気がついたら1000万円以上が口座にあった。そんな気持ちの余裕が彼女を大胆にさせた。

返信は意外に早かった。数時間後にはメッセージが来ていた。うれしさのあまり最初は気づかなかったのだが、メッセージの主はその聖夜ではなかった。

「内勤を名乗る男性だったと思います。たしか指名料が1時間1万円とか、あとは初回なのでセット料金が半額になる、そんな説明だったと思います。『2万〜3万円もあれば遊べますよ』、といったような説明だったと思います」

その金額はサクラにとっては高くない金額に思えた。ホストクラブは怖いところ。何十万円も取られる「異世界」。そんなイメージしかなかったサクラだが、この程度のカネで聖夜に会えると思うと、急にリアリティのあるものに見えてきた。

聖夜からの返信ではなかったものの、サクラはすっかり舞い上がってしまっていた。新幹線の予約をし、複数の旅行サイトを見比べ、歌舞伎町近くのビジネスホテルを最安値で予約した。サクラは連休を取った。

歌舞伎町のナンバーワンホスト

２０２３年の5月半ば。サクラは久々におしゃれをし、コロナ禍では通う頻度も落ちていた馴染みの美容室に寄ってから新幹線に飛び乗った。デートに行く前のような高揚感。久しく忘れていた感覚だった。しかし、サクラは新幹線の車内で、何度も自分に言い聞かせていた。

「ホストクラブは最初で最後にしよう。今日、聖夜に会えたらそれでおしまい」

新宿の喧騒はサクラにとって刺激的だった。歩き疲れた足を休めようとチェーンのコーヒー店から見た靖国通り。多くの人が行き交っているだけなのに、自分が過ごした地元での「陰鬱な3年間」とのギャップになぜか胸の苦しみを覚えた。

ホストクラブに着く前にすでに東京に呑み込まれてしまっていた。そんな自分を振り払うようにトイレに入り、身支度を整えた。そして、スマホの地図アプリを立ち上げると、歌舞伎町の最深部にある聖夜の店に向かった。

「インスタで見ていた聖夜とぜんぜん変わらない」

店に入ると聖夜がいた。他の女の接客をしていたが、見ているだけで癒やされた。年下なのに落ち着きがあり、そして何より童顔で微笑んでいる。いざ自分のテーブルに来ても紳士的な振る舞いに別世界の男を見た。

「シャンパン入れて」などおねだりもない。カネを使わない自分は分不相応なのではないかと恐縮するほどだった。内勤のボーイが「初回ですのでシャンパンはすべて半額です」と囁くので「じゃぁ、一本ぐらい」と思ってしまった。

ボーイが勧めたのは12万円のシャンパンだった。財布と相談し、半額になるならと、それでも精いっぱい背伸びをした。跳び上がるほど喜んだ聖夜の笑顔がサクラにはこのうえない幸福に感じられた。

その日の会計は9万8000円だった。それ以上使わないようと、10万円を現金で持ってきていたのだ。自分の財布の範疇で十分に楽しめた。10万円の価値がある時間だと思った。日常に戻っても頑張ろう、そう思える時間だった。

いい思い出と聖夜との時間を大切に胸にしまおうとしたとき、聖夜から思いがけない言葉を投げかけられた。

「また会いたいから、明日も来てよ」

東海地方から新幹線で来たこと。この日はビジネスホテルに泊まり、翌日は東京観光して帰ることを聖夜に包み隠さず話していたサクラは、戸惑いを隠せなかった。ただ、それ以上に胸の高鳴りを感じていた。

同伴出勤での事件

翌日。ホストクラブの開店前、サクラと聖夜はカラオケ店の個室にいた。これが同伴出勤だという。同伴というシステムがどういうものか、サクラはわかっていなかったが、聖夜がとにかく喜んでいるから、お互いにとっていいものなのだろうと思った。

しかし、サクラにとってここでの体験はショッキングなものだった。

「急に迫られたんです。個室に入ってしばらくしてキスをされて。びっくりしてカラダをよじったんですけど、力ずくで……。えっえって抵抗したんですけど」

さっきまでのどこかうれしい気持ちは吹き飛び、幻滅した。

「そんな簡単に手を出すんだ、って。やっぱり自分が生きてきた世界とは違うし、なんか不純なところだな、と」

聖夜は悪びれずに言い放った。

「好きだからキスしたかっただけだよ。付き合おうよ」

そんな甘言をすぐに信じるほど、経験がなかったわけではなかったが、サクラはなぜか嬉しかった。

それから連休のたびに歌舞伎町に通うことになった。回を重ねるごとに会計の額も増えていく。聖夜に言われるがままに100万円もの支払いをすることも珍しくなくなっていた。ただ、聖夜はそのたびにやさしかった。一緒に食事を行けば、支払いをしてくれるし、「記念日」と言い、出会ってから1か月後には聖夜が愛用するハイブランドの香水をプレゼントされた。ホストクラブが閉店すると、聖夜はサクラの泊まるビジネスホテルにやってきて、そして一緒に朝を迎えた。


この年、東京は梅雨入りしたというのに、ジトッとした不快な蒸し暑さに覆われる日が少なかった。看護師として10年近く働いているサクラは、ニュースにはさほど関心を持たないタイプだったが、朝晩の天気予報には注意を払っていた。それが、病院を訪れる高齢者との共通の話題になることが少なくないからだ。

しかし、ここ最近はそんなことすらおざなりになっていた。梅雨明けのニュースも看護師の同僚から話題を振られて知ったくらいだった。

聖夜に入れあげたサクラは、ホストクラブに入り浸っていた。きらびやかな、それでいてどこか重厚な空間、そして若くイケメンのホストたち。自分を「姫」と呼んで、文字通り〝お姫様扱い〟してくれる。

「地元に帰った平日は彼からのＬＩＮＥがすさまじかったですね。一日に何十通もきて。ただの〝お客さん〟ならここまでしないだろうと、のぼせ上がっていました」

ただサクラは普通の看護師だ。１０００万円あった預金は何回かのホストクラブに通いで、たちまち10分の１に減っていた。

そんな懐具合などお構いなく、聖夜はこんなことを言ってきた。

「今月もナンバーワンになりたいからお願い！　シャンパンタワーしてくれない？」

「いくら？」

「サクラも大変だろうから、最低の額でいいよ。３００」

「そんなお金、もうないよ……」

「だって俺たち結婚するじゃん？　これは結局ふたりのお金だから。俺の給料で返すよ」

聖夜は結婚をほのめかし、頭を床に擦りつけんばかりに下げた。このときサクラが席を立てば〝かりそめの関係〟はそこで終わったはずだ。ただ、これまで900万円以上を使ったサクラの金銭感覚は麻痺していた。聖夜が言う300万円という金額は大した額ではないと思えてきた。

サクラは明確な返事をせず、その日を曖昧にやり過ごした。

翌週、サクラは何の結論も出さずにいつものように新幹線に乗り、聖夜のホストクラブを訪れた。シャンパンタワーの話はあの日以降LINEでも一度も話題になっていなかった。

1週間ぶりの聖夜との再会。聖夜と過ごす時間だけは変わらず楽しかった。

しかし、この日は店内の様子がいつもと違った。シャンパンタワーが準備されていたのだ。隣に座った聖夜にサクラは聞いた。

「きれいなタワーだね。誰が入れたの?」

「あれ、サクラのだよ」

サクラは心底驚いた。

「勝手なことしないで……」

「なんと超超！　可愛い！　素敵な！　姫から！　愛情！　いただきます！」

聖夜に抗議する声はシャンパンコールにかき消されてしまう。聖夜はサクラに流し目で礼を述べた。

「ありがとう！　おかげで今月もナンバーワンでいられそうだ」

この日、サクラは初めてクレジットカードで支払いをした。1枚目のカードは限度額を超え、もう1枚を使った。2枚のカードで分けて支払いをした。飲み干したシャンパンの味はしなかった。

「これで終わる」

ホストクラブの闇を十分に感じさせる話ではあるが、当事者のサクラは違うことを考えていたという。

「これでやっと終わると思いました。もうお金が無いんだから、ホストとしては私には用済みだろうけど。このあと連絡はくれないだろうと思っていた。しかし、それ以降も変わらずに連絡をくれていたから……将来は一緒になれるのかなって」

聖夜はサクラの預金をすべて搾り取った後も、変わらずに接していた。

しかし、それはサクラを〝彼女〟として見ているわけではなかった。「将来も支えてほしい」などと甘言をささやきながら大事な〝金づる〟としか見ていなかった。物心両面で支えようとしたサクラの気も知らず。


ある日、聖夜はサクラにＬＩＮＥでこんな話をもちかけた。

「この前、店で８００万円のタワーがあったんだけど。それは姫が海外に１か月行って稼いできたんだって。サクラも海外に行ってみない？」

「海外でどうやって稼いだの？」

「海外のソープランドみたいなところだって」

「絶対イヤだしムリだよ」

「お願い！　もう一回ナンバーワンになったらホストを辞めてサクラと一緒になるから。もう一度だけタワーやってほしいんだ」

聖夜はサクラに海外での売春を持ちかけたのだった。

これで最後ならとサクラは思ったという。風俗はおろか水商売の経験もなかったサクラには相当な抵抗があったことだろう。しかし聖夜には簡単に押し切られてしまう。

「本当は吉原とか、すすきののソープでもいいんだけど、自分の彼女がネットとかに出てくるのはいやじゃん……」

その言葉をやさしさからだと感じたサクラはすでにまともな精神状態ではなかった。

サクラは聖夜の指示通り、とある事務所を訪ねた。そこは歌舞伎町から目と鼻の先。新大久保の雑居ビルの一室だった。そこに片言の日本語を話す男が待ち構えていた。男は自分を経験豊富なエージェントと名乗った。

「いろんな国を紹介できるって話で、それぞれの国の話を聞きました。オーストラリアならこういうことしていくらになるとか。でも自分はタワー代の300万円がどうしても必要だったのでマカオにしました。見込みの収入は低いほうだったんですけど、1週間で100万円は稼げる、という話だったので3週間行こうと思って。いちばん近かったのと、ゴムありって言われたのが決め手です」

マカオ行きが決定した。

夕方6時から朝5時まで働いて、基本給はなし。50分間客の相手をして、セックスをすれば一回につき3万円がもらえると説明された。

「日本人は向こうで人気だから一日5人は必ず客がつくよ」とエージェントは言った。

サクラはその場で全裸にさせられ写真を撮られた。「プロフィールとして必要だ。これがあるのとないのでは契約の額が違う」と説明された。

3週間の有給休暇

2023年7月末。サクラは溜まっていた有休を使い3週間の休暇を取得した。成田からLCCに乗りマカオに飛んだ。マカオなら飛行機代は自腹だと説明されていた。地元に近い関西国際空港からの便もあったが、成田を選んだ。聖夜が見送りにくると言っていたからだ。しかし聖夜は「体調を崩した」とのことで、結局成田に姿を見せなかった。

5年ぶりの海外旅行だった。前回は学生時代の友人との旅だった。ひとりで飛行機に乗るのは初めてで心細かった。入国の際、日本人女性のひとり旅だと売春を疑った当局に根掘り葉掘り聞かれるという噂をネットで読んでいたので、入国審査での振る舞いに気をもんだが、マカオはノーチェックだった。拍子抜けした。

入国審査官には「観光？」と日本語で聞かれたので「そうです」と答えた。マカオ国際空港の入国ゲートを出ると、ひとりの日本人が自分の名前を書いたボードを持って立っていた。強面ではあったが、挨拶といいとにかく丁寧な男だった。今思うと、逃走しないように監視していたのかもしれないが。

クルマに乗せられ男に連れていかれたのは街中の無機質なビジネスホテルだった。滞在中、ここがサクラの拠点になるという。「ホテル代はこちら持ちですからご安心ください」と男は仰々しく言うと、毎日決まった時間に迎えがきて、地元の美容院でヘアメイクをした後、店に出ると説明した。「明日研修がありますので、今日はゆっくりとお休みください」と言い消えた。

マカオという初めて訪れた地にでも高揚感はなかった。そもそもホテルの部屋から出ようと思うことはなかった。聖夜に到着を知らせるＬＩＮＥを送ると、「大変だと思うけどがんばってね！」などという、どこか人ごとのような返信があった。少しやりとりをしたが、いつの間にか眠りに落ちていた。

年々、日本の夏は耐え難いものとなってきているとはいえ、マカオの夏はそれ以上だった。

翌日、男に連れられてヘアメイクに行く道中、その暑さに言いようのない不快感を覚えた。そしてその後、サクラは自らの立場を知るある事実に直面する。

中国語しか話さない美容師はサクラを椅子に座らせると、白粉を顔にべっとりと塗り、口には真っ赤な紅をひいたのだ。

「みっともない」。正直な感想だった。古い映画で見た娼婦が鏡の中にいた。

娼婦の自覚

サクラは記者の取材に、この日初めてメイクされたときのことが忘れられない、と振り返っている。海外で娼婦になったのだという現実をこのとき初めて受け入れたという。

逆に言えば、このときまで現実になにが起きるのか理解していなかった。サクラは女を買いにくる外国人、とくに中国人に受け入れられなければならなかったのだ。

つまり――中国人が最も好むメイクを施されていたのだ。

「ショックというか、鏡を見ながら私はここまで堕ちたんだなって思いました。これから性を売り物にするというのは覚悟してその場にいたはずなんですけど、やっぱり本当のところの覚悟はできていなかったのだと思います」

短い研修を経て、その日からショータイムに参加することになった。研修といっても、ショータイムで壇上にあがり、客に選ばれたら、ベッドがひとつ置いてある個室に行き、避妊具をつけてセックスをするという流れを説明されただけだった。そして男からは片言の日本語でこんなことを言われた。

「あなたはこのお店ではサクラです。日本といえば桜でしょ。この店でサクラはいつも日本のナンバーワン」

かくして何代目かわからない「サクラ」を襲名したのだ。

研修のなかで、「早く終わった場合、時間いっぱい男の相手をせず部屋から出ても問題ない」と言われたのが救いだった。個室に入ったら挨拶や世間話などをしなくてもいいということだった。そもそも彼女は中国語を理解しないが、男のほうもそのような触れ合いは求めていないのだと説明された。

「ガンバって早くイカせちゃいましょう！」

日本語を少し話す黒服はこう冗談を言って笑ったが、サクラはまったく笑う気が起きなかった。

サクラとしての初日は順調だった。客が途切れることはなかった。6、7人の客がついた。サクラに限らず、ほかの日本人女性はみな同じようだったと聞いた。4、5人の日本人女性がその店に在籍していることには驚いたが。

そのうちのひとりが「新人さん？」と声をかけてきた。その女からは「メイク代は自腹で毎日約1万円を引かれるよ」と教えられて、また騙されたようで嫌な気持ちになった。ただ、それを差し引いても、サクラの〝売れ行き〟は3週間で300万円は優に稼げるペースだった。

初日を終えてホテルに帰ったサクラは言いようのない後悔に苛まれた。

「男たちが雑なんです。触り方も何も。初日からアソコがヒリヒリしちゃって。シャワーを浴びながら涙が止まりませんでした」

日本の風俗では男の爪の長さなど、キャストを守るために身だしなみを店側がチェックするが、マカオにそんなものはなかった。店はとにかく回転重視。どう男をあてがい、さっさと帰らせるかに注力しているようにみえた。

ショータイムの合間に聖夜にＬＩＮＥを送ると即座に返信があった。

「大丈夫？　つらくない？　嫌なことされてない？」

一見するとサクラを気遣っての文言だが、「嫌なら帰ってきていいよ」という言葉は一度も発せられなかった。

若い同僚女性の存在

マカオ生活3日目だった。サクラは衝撃的な体験をする。

メインの客層よりは少し若い30歳前後の中国人と個室でカラダを重ねていたときのことだ。バックにさせられた。刹那、その客はサクラの首を絞めたのだ。助けを呼ぼうにも声が出ない。窒息寸前になり死を覚悟した。後ろから羽交い締めの状態で腰を動かされ、抵抗することができなかった。

しかし幸運だったのは、サクラが気を失う寸前で男が果てたこと。サクラは震えが止まらなかった。ぐったりと動かないサクラを尻目に５００香港ドル（約９５００円）紙幣をチップ代わりに一枚背中に置き、何事もなかったかのように個室を出ていった。

男の非道を泣きながら黒服に訴え出たが、黒服は笑っているだけだった。

「金輪際あの男をサクラにつけない」ということで事は収まったが、海外で性産業に従事することの恐ろしさを知った。

それからサクラは、個室に入ると決して男に背中を向けないように接客するようになった。ストレスはさらに増していった。


記者はサクラにこんな質問をした。マカオで聖夜とのＬＩＮＥ以外に楽しみはなかったのかと。

「楽しみ……なかったですね。ごはんもほとんど食べられず、４～５キロは痩せたし、部屋に帰るとひたすら寝ていました。迎えがくる時間に起き、メイクをされて店に行く。それだけでした。感情を持っていたらやってられないですよ」

ただ、たった一度だけ、店で働く〝同僚〟の日本人女性とランチに出かけたことがあったという。

「その子とはホテルが同じで、どちらから誘ったのか忘れましたけど……なんとなくご飯に行こうか、という雰囲気になって」

ポークチョップバーガーというマカオ名物のローカルフードを食べに行った。名物だとは後から知ったが、ホテルからいちばん近い店だというのが理由だった。

「なぜマカオに来たのかという話をしました。私は『彼氏のホストに頼まれて』と言いましたけど、その子は『ホストの代金が払えなくなって強制的に連れてこられた』と。あまり盛り上がらなくて、どんな客が嫌だったとか、当たり障りのない話に終始しました」

幼い表情を見せていたその子はサクラよりずいぶん年下に見えたという。

「若いのに大変だなって思いましたよ。ただ、いま冷静に考えると、私も状況は変わらないんですけどね。向こうはオバサン大変だな、と思っていたかもしれない。でも、そのときは騙されているなんて思ってなかったから、なぜかかわいそうに思えました」

店から「ルナ」と呼ばれていたその若い日本人女性とは、それからは毎日挨拶を交わす仲になったというが、それ以上の関係にはならなかった。

「本名も知らないし、スマホで連絡先も交換してないんです。恐らく今、彼女と日本でばったり会ったとしてもマカオのときのように軽く挨拶をして終わりだと思います。私もそうだけど、彼女もマカオに売られていたなんて誰にも知られたくないでしょうから」

孤独、そして帰国

サクラは記者との話のなかで、しきりに「孤独」という言葉を使った。聖夜という〝彼氏〟はいたが、本音をぶつけてもかわすようなメッセージしか返ってこない。マカオに頼れる人間もいない。長期休暇とはいえ仕事も気にかかっていた。ストレスと不安でサクラが体調を崩すまでそれほど時間はかからなかった。

マカオでの生活も1週間が過ぎた。すると朝、起きられなくなった。頭がボーッとして何もやる気が起きないのだ。見れば体のそこかしこに湿疹が現れ始めた。

看護師であるサクラは、これはうつ病の症状だと理解した。ただ、どうすることもできないし、どうしようか考えることもできなかった。

数日は店に出ることができたが、ついに体が動かなくなった。迎えにくる男に「体調が悪い」と泣きついて休ませてもらった。一日寝たところで回復するはずもなかったが。

ベッドに横たわりながら帰国を決意した。これ以上マカオに残ると取り返しのつかないことになりそうだった。結局、店に出た日数は11日間。相手にした客は70人超。ほとんどが中国人だった。

「そもそも店にくる7割が中国人でした。あとの2割が欧米系。残り1割が日本や韓国を含めたその他のアジア人。ただ、私を含めた日本人を指名するのは中国人ばかりでした」

サクラはメイクなどの諸経費を引いても、ここまでの稼ぎは200万円はあると踏み、聖夜に連絡した。

「ごめん、体調がキツすぎて。300はムリ。もう帰るから」

「そう。おつかれ」

聖夜からのメッセージは簡潔だった。

強面の男に連絡すると、休んだことで察しているのか、こういったことに慣れているのか、引き留められることはなかった。しかし、空港までクルマを出してくれるということはなかった。来たときより少し割高の航空券を買い、ルナに挨拶もせずにひっそりと帰国した。

地元はさらに気温が高くなっていて、出国したときより湿度が増していた。

200万円の行方

聖夜との関係も微妙に変化した。LINEの回数が減ったのだ。正しくは聖夜から送られていたメッセージがなくなったのだ。サクラがLINEを送ると、半日くらい経てようやく短い返信がきた。

サクラの長期休暇が終わりに近づいたころ、聖夜から「どうしても会いたい」とのメッセージが届いた。正直、気が重かったが、「汚れてしまった自分」を清めてもらいたいという思いがあった。考えてみれば、マカオで身を粉にしたぶんの「対価」をまだ受け取っていなかったこともあった。

新大久保で会ったエージェントからは「大金を中華圏から持ち出すのは大変なので日本に戻ってから手渡す」と聞かされていた。数か月前とは違って200万円という数字も「大金」とは思えなくなっていたが、シャンパンタワーの〝借金〟がある身だ。定宿だった新宿のホテルと新幹線を予約し、歌舞伎町に向かった。

およそひと月ぶりの聖夜との再会。聖夜はマカオから帰ってきたら一緒になると約束してくれていた。貯金もなくなり、体もボロボロになった。でも愛する人とならここからでも頑張れる……。しかし、そんな淡い思いは店に着いた途端に霧消した。

聖夜は包み込むように接してくれた。マカオでのグチもすべて聞いてくれた。「今夜は一緒にすごそう」。ようやく彼の胸で眠れる、そう思った刹那、信じられない言葉を聞かされた。

「シャンパンタワーお願いしておいたから」

店内にはグラスがうずたかく積み上げられていた。

「お金なんてないよ」

「マカオの200万円があるじゃない。それはありがたく受け取っておいたから。残りはたった100万だよ。カードで払っちゃおう」

サクラにはそれに抗う気力も、店をあとにする体力ももはや残っていなかった。涙すらどこかに消えていた。

「すべてを書いてほしい」

それ以来、サクラは聖夜と会っていない。聖夜からのＬＩＮＥや電話の着信はしばらく続いたが、すべて無視した。

「やっと目が覚めたんだと思います。でも〝高い授業料〟で済ませられるほど、小さな問題ではない。だってすべてを失いましたから」

サクラは今、心療内科に通っている。毎日薬を飲まないと日常生活を送ることすらままならないという。夜勤など不規則なシフトに耐えられず看護師の仕事も辞した。わずかの退職金をカードで負った借金の返済の一部に充てることにした。

そして、新しい仕事に就いた。体調と相談しながらだが、地元から少し離れた風俗店に在籍。月10日ほど勤務し、借金返済と生活費に充てている。

サクラは記者の取材を受ける条件を「すべてを書くこと」だと言った。その真意はなんなのか、改めて問うた。

「とにかく腹が立つんです、聖夜に。彼は今もメディアに出たりして〝いい人キャラ〟

を演じてますが、どの面下げているんだと。確かに私は世間知らずで、そんなクズ男に騙されたバカな女です。ただ、こんなやり口は絶対に間違っている。その鬼畜のやり口を多くの人に伝えてほしいんです」

ホストを直撃

9月、歌舞伎町。一見してホストクラブだとわかる、きらびやかなビルに聖夜が働く店が入っている。登録者25万人、ホスト業界を扱う人気YouTubeを見ながら記者はそのビルの近くに立っていた。聖夜に直接話を聞くためだ。

聖夜はそのYouTubeでホストがいかに「姫」を大事にしているかを得意げに語っている。きっとサクラも見ていたであろう動画には童顔の優男が映っていた。

張り込みは思ったより簡単だった。そこで待ち始めて1時間後、警戒感などまるで感じられない聖夜が、そのビルの前に姿を現したのだ。記者は努めて明るい声を出す。

「すみません！　お客さんのサクラさんのことで話を聞きたいんですが……海外売春を斡旋しましたよね？」

一気に駆け寄り、名刺を突きつける。こういった直撃をするとふつうの人間は逃げたりするものだが、聖夜は微動だにしなかった。記者を一瞥すると表情ひとつ変えることなく無言でビルの中に消えていった。しっぽを巻いて逃げたという雰囲気はなく「なにか問題ですか?」とでも言いたげであった。

サクラにプレゼントしたというハイブランドの香水の甘い匂いだけを残して足早に消えた。後日、ホストクラブ宛に聖夜への質問状を送った。わかりきっていたが、回答が送られてくることはなかった。

ホストと海外出稼ぎ。海外出稼ぎの実態を探るうえでは切っても切れない関係だとサクラへの取材で痛感した。海外に行く日本人女性の窓口はホストで、その背後にエージェントなどの組織がある。とにかくエージェントに当たらなければ実態は解明できない。

エージェントを探す旅が始まった。

第4章 オーストラリア・シドニー

——日本人オーナー臼井と翻訳業リサの証言

日本人エージェント

（ビービービービー）

客の来店を知らせるブザーが店内に鳴り響き、待機室の女たちは居住まいを正す。

客の男はベッドと簡易シャワーが設置された4畳ほどの部屋に通される。お香とバスタオルが放つ柔軟剤のにおいが漂う清潔な空間だ。置かれた家具は茶色のものが多く、エスニックな世界観をイメージさせる。

5分もすると、部屋に下着姿の女がやって来る。タイ人だと女は名乗る。

滞在時間は数分しかない、タイ人の女は名前を言うと、簡易ベッドに腰掛けている男に色目を使う。アピールタイムだ。タイ人が笑顔のまま部屋から出ていくと、今度はインド人の女がやってきた。同様に下着姿、名前を告げた後に色目を使うところも同じだ。

下着姿の女はその後も入れ代わり立ち代わりやってくる。韓国人、中国人、そして日本人と名乗る女もいた。十数分後、この部屋に案内してくれたボーイが入ってきた。

顔見せタイムが終わったことを意味する。結局、10人ほどがこの部屋をにやってきたことになる。客はここで女性の名前もしくは特徴を告げる。そしてボーイに料金を払う。

指名した女がこの部屋にやってくる。ボーイは退出し、ふたりきりになる。

この店は「244パディントン」という。

オーストラリア最大の都市・シドニーの中心部に位置するハイドパークから東に延びるオックスフォードストリート。クルマを走らせると10分ほどでヴィクトリア様式の建物が林立する「パディントン地区」に到着する。個性的なファッション店やアートギャラリーが点在し、週末には新進気鋭のデザイナーが集まる「蚤の市」とも言えるマーケットが開かれている。

また、毎年3月には全世界から人が集まるLGBTQのための祭典、「シドニー・ゲイ・アンド・レズビアン・マルディグラ」が開かれ、まさにオーストラリアの多様性と寛容性の象徴とも言える街として知られている。

この街の一角に存在していた置屋「244パディントン」のホームページにはこう記されている。

「私たちはパディントンのプレミアアジア売春宿、アダルトサービス、性感マッサージです！　日本、マレーシア、韓国、タイ、中国から新鮮な若い女の子をお届けし、忘れられない体験を提供することをお約束します！」

この「244パディントン」が長年、日本人女性の海外出稼ぎ売春の受け入れ先になっていた。

オーナーは日本人で臼井良夫という。若かりしころからホスト業界、スカウト業界などを渡り歩いてきた、いわば夜の街で生きてきた男だ。

臼井はいかにして南半球のオーストラリア・シドニーの売春宿のオーナーとなったのか。それはおよそ10年前にさかのぼる。顔見知りだった中国人男性からこんな話を持ちかけられたことに端を発する。

「オーストラリアで売春できる女の子を紹介してもらえないか」

中国人ネットワーク

世界中に女を派遣するエージェントは圧倒的に中国人が多い。これは世界中の売春宿をみると、中国系がオーナーを務めるケースが多いということも関係しているのだろう。今や中国人はビジネスマン、観光客とともに世界中どこにも溢れている。売春業をやろうと思えば、SNSを駆使して、こうした客の需要は簡単に掘り起こせる。

客の側に立てば、海外で女を斡旋してもらうとき、言葉の通じる同胞の店であれば警戒の度合いはいくぶんかは下がる。

さらに、中国人オーナーの店側が思うことも同じだ。女を送り込んでくるエージェントも同胞のほうが当然仕事はしやすい。言葉が通じるうえ、ビジネス習慣にも齟齬がない。些細なことであっても、海外でのトラブルは避けたい。そんなグレーな世界で生きるオーナーたちにとって、安心が担保されているのが中国人エージェントなのだ。

ということは、中国人エージェントであれば、世界中に張り巡らされた同胞の売春宿のネットワークにアクセスできることを意味する。つまり、女を送り込むことができる店、つてがある店が、世界にあるのだ。

日本で一介のスカウトマンだった臼井も、広大な中国人ネットワークに乗るかたちで、日本人女性をオーストラリアに送るようになった。

およそ10年前、日本人女性が海外で春をひさぐなど想像もつかなかった時代だ。売春市場で日本人女性はダイヤのように扱われ、派遣ルートは大金を生み出す大鉱脈となったという。

臼井はたちまち〝富豪〟となったが、不満がなかったわけではないはずだ。

売春による売り上げの配分には相場というものが存在する。エージェントやスカウトの力関係、女の質によって変動することは往々にしてあるが、基本的には女が70％、店が30％の取り分だ。しかし、7対3で分け合って終わりという、そう単純なことではない。女の側の70％からはさらに10％（全体の7％）をスカウトが受け取り、店側も30％のうちの30％（全体の9％）をエージェントに送る。つまり、客が払ったカネは63％が女、店が21％、スカウトが7％、エージェントが9％というかたちで分配されているのだ。

つまり、苦労してスカウトした日本人女性は海外で莫大なカネを稼ぐのに、自分はわずかしか手にすることができない。人間とは欲深いもので、臼井はそうした取り分を不満に感じはじめた。

臼井はそんな不満を解消するため「両手」を狙った。

両手とは、店側からも女の側からも手数料を受け取ること、すなわちスカウトだけではなくエージェント業も併せて行うということだ。そのためには、スカウトした女だけではなく、店側とも付き合わなくてはいけなくなる。

女を送り込む店を見つけ、店と条件面の折り合いをつけ、時には客や商売敵への苦情など、厄介な仕事が必要になってくる。ただ、そうしたことに骨を折ると、７％だった取り分が倍の14％へと跳ね上がる。貪欲な臼井はそうした道を選んだ。

その当時のオーストラリアの風俗事情を知る、現地在住の日本人に話を聞いたことがある。

「日本人が働いている風俗があるって話題になってましたよ。地元のオージー（オーストラリア人）から『本当に日本人なのか行って確かめてきてよ』って何度も言われましたから。そこの日本人の女の子は月に５００万円は稼ぐと、まことしやかに囁かれていました」

その話が事実であるなら、スカウト兼エージェントはひと月で、女１人あたり80万円を稼いでいたはずである。10人を店に送り込んでいたなら月８００万円だ。しかも地下社会で生み出されたカネだ。税務申告をしていたとは考えられない。

記者はこうした裏風俗に限らず、闇社会の人間への取材を数多くしてきたが、おそらく月商８００万円というのは、アンダーグラウンドに生きる人間としては〝上限に近い金額〟だ。年間にして約１億円。それ以上を稼ぐと、当局をはじめさまざまなところから〝目をつけられる〟。それ以上のカネを求めるなら、地上に上がっていかなければいけない。

臼井は長年アンダーグラウンドで生きてきた男だ。そうしたサジ加減は重々わかっていたことだろうが、欲望に屈したとも言える行動に出る。

臼井は自らオーストラリアに渡り、シドニーで「店」の経営に乗り出したのだ。その店の名こそ冒頭で紹介した「244パディントン」なのだ。実はこれはオーストラリアの法律にのっとり設立された、「正規の売春宿」である。ちゃんと税務申告をし、当局の監視下に置かれるが、臼井はオーナーとなり、陽の当たる場所に顔を出したのだ。

日本人経営の正規売春宿

スカウトからエージェント、店の経営にいたるまで、一貫して行うことで手元に残るカネはそれまでとは比べものにならなかった。ただ、店賃や水道代に代表されるように出ていくカネも多かった。しかし、店がうまく回っている限り杞憂に及ばない。

「244パディントン」のホームページには売春婦のリストが今も消されずに残っている。残っていると書いたのは、のちに説明するが、臼井は当局に逮捕され、店は廃業したからだ。

全員が顔を隠してはいるもののセクシーな下着を身に着け、挑発的な姿態を露わにしている。その数50人ほど。日本の風俗店でも50人もの在籍がある店は間違いなく大型店に分類される。これを見る限り、盛況だったことが窺い知れる。

ちなみに、ホームページには価格表も掲載されている。20分で100豪ドル（約1万円）から始まり、60分で180豪ドル（約1万8000円）とある。

ただ、前述の現地在住の日本人いわく、通常はこの価格に50豪ドル程度の〝エクストラ料金〟がかかるのが通常だという。

「もちろん、エクストラを払わなくいてもいいんだけど、その場合〝抜く〟だけみたいな感じ。胸を触ってはいけないとか、下半身を触ってはいけない、などと制限が出てくるんです。だから最低料金に50ドルほどを足した額がオーストラリア風俗の正規料金と思えばいいと思います。それとやはりチップ文化ですから、チップを女の子に渡すのが普通です。基本的には20ドル紙幣を一枚渡しておけば問題ない。密室で払われるものはすべて女の子の取り分というのが基本的な考えです」

「海外出稼ぎシャルム」

臼井はシドニーの夜の街である程度の成功を収めていた。そうなると不思議と人脈が広がっていく。臼井のもとには、中国系のエージェントからの問い合わせが相次いだのだ。「台湾にも送ってほしい」「アメリカにも送ってほしい」などと……。

臼井はホームページを作りSNSを駆使し、大々的に人を集めるようになっていた。

その名前は「海外出稼ぎシャルム」といった。

「ニューヨーク短期1週間100万以上」「カナダを満喫！　月収500万円以上」。SNSにはそんな景気のいい言葉が並んでいた。ニューヨークはそもそも売春が違法なのにだ。臼井はそんな遵法精神のかけらもなく公然と女を集め、世界中に送っていったのだ。

その結末は、当然とも言えるものだった。以下は臼井らの逮捕を伝える当時の報道だ。

海外売春あっせん容疑で４人逮捕＝３年間で２００人超派遣か―「月収５００万円以上」と募集・警視庁

海外での売春をあっせんしたとして、警視庁保安課は４日までに、職業安定法違反容

SNSに投稿された「海外出稼ぎシャルム」の謳い文句

疑で、風俗求人サイト「海外出稼ぎシャルム」の管理者今村亮介（37）、会社役員臼井良夫（53）両容疑者ら男４人を逮捕した。同庁によると、有害業務募集情報の提供を巡る摘発は全国で初めて。

同課によると、２０２１年６月ごろにサイトを開設し、「月収５００万円以上」「海外で出稼ぎ」などと宣伝。３年間で日本人女性２００～３００人をアメリカやカナダ、オーストラリアの風俗店に派遣し、約２億円を売り上げたという。

逮捕容疑は昨年２月ごろ、サイト上に売春の求人情報を掲載し、応募してきた20～30代の日本人女性２人に、米ニューヨークとワシントンの風俗店をそれぞれ紹介した疑い。

今村容疑者は「売春の仕事を募集しているとは思わなかった」と容疑の一部を否認し、臼井容疑者ら３人は認めている。

同課によると、昨年４月に米捜査機関から売春目的での渡航が疑われる日本人女性や同サイトに関する情報提供があり、今村容疑者らの関与が浮上した。

米では売春を疑われた日本人女性が、入国を拒否される事例が相次いでいるという。

海外売春を巡っては、現地で客やブローカーとのトラブルが絶えない。料金を踏み倒された後に暴行を受けたり、砂漠に放置されそうになったりする被害が確認されている

といい、同課は注意を呼び掛けている。（2024年4月4日 時事通信）

見せしめ的な逮捕、そして警察の広報的報道だったことは否めないが、明らかに臼井はやりすぎたと言っていい。ただ、この「海外出稼ぎシャルム事件」が明るみに出たことで、こうした「海外出稼ぎ売春」の実態が広く世間に知れ渡ることになった。

かくいう記者も一報を目にしたときは「3年間で200～300人」という規模には度肝を抜かれた。しかし同時に強い違和感も抱いていた。それを知るためには臼井の公判を取材するしかない。そう思い裁判所に通う日々が始まった。

法廷の日本人経営者

2024年7月、東京地裁において「海外出稼ぎシャルム事件」の公判が始まった。その過程で臼井は意外なひと言を口走った。「オーストラリアの店は赤字だった」と。

実は記者の違和感の正体はそこにあった。

3年間で2億円という売り上げは、臼井が経営していた風俗店の規模からすれば、かなり少ないと思われたのだ。
単純に比較はできないが、２０２４年11月にはこんなニュースが流れている。

東京・池袋の風俗店で就労資格のない中国人の女性らを働かせた疑いで、経営者の女が逮捕されました。中国人の陳立鳳容疑者（32）は、５月から10月までの間、豊島区池袋のマンションで経営していた風俗店で、就労資格を持たない留学生の中国人女性ら２人を違法に働かせた疑いが持たれています。警視庁は10月、この店を風営法違反などの疑いで摘発し、従業員ら20人を逮捕していました。警視庁は、この店が１年余りで約５億８０００万円を売り上げていたとみています。

（２０２４年11月15日 ＦＮＮプライムオンライン）

池袋の違法風俗店がどのような形態で、どれほどの規模で運営されていたかは定かではないが、臼井が経営していた店と同じく本番を売りにしていたはずだ。それにもかかわらず3年で2億円を売り上げたという臼井と、1年で5億８０００万円を荒稼ぎした池袋の違法風俗の違いはどこにあったのか。

臼井は飄々とその疑問に答えている。

「海外の店では、日本から紹介を受けた女性は英語が話せず、コミュニケーションができない。また笑顔にもならず評価が低かった」

この発言は法廷では意外さを持って受け止められた。

この事件以降、日本人女性の海外出稼ぎについて一般のメディアも報じるようになったが、必ずといってよいほど「日本人女性は海外では人気。だからこそ大金を稼げる」という枕詞がついていて、問題が展開されていたからだ。

たしかに、本書の取材中でもアジア圏における日本人女性の人気というものを感じることはあった。しかし、それが英語圏であったり、欧米圏だったりすると、一枚格落ちする、ということは取材中の肌感覚だった。

ひっそりと日本人女性が海を渡り、カラダを売り始めた10年前は、日本人という希少性、優位性があったことはまぎれもない事実だろう。では、なぜ経営者が「評価が低い」とまで言うようになったのか。

記者はその疑問を解くため、名古屋に出向くことにした。

名古屋の女

不思議なことにオーストラリアの風俗店などで売春行為をしている女の中には、SNSで情報発信している者が少なからずいる。自らの稼ぎや仕事の内容を赤裸々に綴り、そして〝そこそこ〟のフォロワーがついているという現象が起きていた。

記者はその中のアカウントのいくつかに取材依頼のメッセージを送っていた。そして「取材に応じても良い」という人物が現れた。

名古屋駅のほど近くにある地元発祥の有名喫茶店「コメダ珈琲店」。女性からこの店を指定されたときは少々面食らった。声高にできない話をファミリー層も訪れるコーヒーチェーン店の片隅でするものか、と呆れたものだった。そんな懸念を事前にメッセージで伝えてはいたが「大丈夫ですよ〜」と絵文字つきで、記者の戸惑いを一笑に付すかのような返事をよこした。主導権を握られぬよう注意が必要な取材だった。

9月末の名古屋は灼熱だった。日光は名古屋駅前の高層ビル群に反射し、アスファルトからは熱波がゆらゆらと漂っていた。東京も暑かったが、それに輪をかけて暑い名古屋には辟易した。コメダ珈琲店までの数分の道のりで、ワイシャツが水浸しのようになった。

　地図アプリが示す件の店を見つけるや、逃げ込むようにドアを開けた。今度は冷気が体を包む。奥にあったボックス席を確保し、アイスコーヒーを注文した。やたらと愛想のいい店員が出す水を飲み干し、冷たいおしぼりで顔を拭く。椅子に深く腰を沈め、一息ついたそのとき、記者のスマホが震えた。

「着きましたけど～」

　艶やかな声が聞こえる。入口を見やると、紺色のワンピースを着た小柄な女性が目に入った。スマホを耳から離し、会釈をすると女性も頭を下げた。

　女性はリサと名乗った。今年30歳になったばかりだという。ほのかに香るブランド物と思われる香水の匂いが品を感じさせた。

　リサは記者の真向かいに座りカフェオレを注文すると、口を開いた。

「私のSNSをよく見つけられましたね」

　臨場感のある文章に引き込まれました、と素直に感想を述べる。

「はは。ありがとうございます」

　リサは静かに微笑んだ。

語学留学と置屋

リサは名古屋市内から「電車で2時間ぐらいの田舎町」で生まれ育った。18歳で上京し、有名私大に進学。学生時代は「そこそこ勉強し、それなりに遊んだ」というが、社会に出るモラトリアムとも言える4年がすぎようとしたとき、就職でいろいろと思い悩んだ。東京か地元か——といった次元の話ではなく、「せっかく一度きりの人生なのに、このまま普通に就職していいのか」という類いのものだったという。

リサは、はにかむように言った。

「世間知らずで若かったんでしょうね」

大学を卒業すると、リサは1年間、語学留学をすることに決め、就職は一旦棚上げにした。留学先として選んだのがオーストラリアのシドニーだった。

両親からもそれほど反対されることはなかった。留学にかかる費用は両親が負担し、生活費は「アルバイト」で賄うということで話がついた。

2017年——。シドニーに渡ったリサは、驚くことにすぐに置屋で働き始めたという。これは渡航前から考えていたことではなかったと説明した。

「オーストラリアでは売春が合法だってことも知らなかったですし、日本で風俗経験があったわけでもないんです。でも、不思議と風俗で働くことに抵抗はありませんでした。『ここで自由に過ごせるのは1年。それなら知らない世界を見るのもいい経験』だと。つらかったらやめればいいって思っていましたし」

リサにとって、長続きする理由があった。現地のシステムが合っていたのだ。

「オーストラリアの風俗って夜中の3時ごろまでやってるんですけど、いつ行って、いつ帰っても許されるんです。決まりがびっくりするほどユルい。だから自分は必要な〝生活費〟を稼いだら、すぐに帰っていました」

週に3日、5時間程度働いて、日本円で15万円近くの稼ぎになった。週給15万円である。学生ひとりで生きていくのは十分すぎるほどの額だ。しかしリサにはこれ以上の欲はなかった。プロのように稼ごうとは思わなかったのだ。

「せっかくシドニーにいるのにそんなことで時間を使ったらもったいないですよ。ほかにもやりたいこと、遊びに行きたいところ、たくさんありましたから」

リサの言葉を借りれば「コストパフォーマンスを追求」した結果、割のいいバイト先として置屋に属したのだ。

そんなリサは男性客から人気があったようだ。指名はどれくらいあったのか、とあけすけに聞くと、はにかみながら答えた。

「ちょっと答えづらいですけど、オーストラリアの風俗のシステムってご存じですか?」

記者は先に記したような内容を説明した。

「そうです。客にひとりづつ顔を見せにいくんです。3回に一度呼ばれれば、〝売れっ子〟って言われるレベルです。私もそのレベルでした。なんか自慢しているようで恥ずかしいですけど」

〝売れっ子〟になったのは日本人だからだろうかと水を向ける。

「うーん、どうなんでしょう。ただ〝I'm from Japan.〟なんて言うと、「へぇ!」って顔をされることは多かったですし、同じ店の韓国人の子からは『日本人っぽいメイクの方法教えて』なんて言われてたから、日本人ブランドはあったのかもしれません」

そんな置屋だが、韓国人、中国人、ベトナム人に交じって日本人もいたという。

「日本人? いましたよ。『出稼ぎにきた』という子はいなくて、みんな普通に留学している子でしたね、当時は」

400万円の稼ぎ

リサは結局その置屋で1年を過ごし帰国。語学留学期間のアルバイト先はここだけで、約400万円を稼いだ。

帰国後の就職活動は悩むこともなく、トントン拍子に進んだ。英語が必須の企業に就職し、それなりのサラリーを得たが「会社員生活には結局なじめなかった」と3年で退職。

現在は個人事業主として貿易関係の書類を翻訳する仕事をしているという。

個人事業主ゆえ収入には波がある。リサはそれを「ある仕事」で補っている。

実は、帰国してから現在に至るまで、シドニーの置屋のオーナーとの連絡を続けているのだ。

「さすがに店に立つことは少なくなりましたけど、常連さんに頼まれればシドニーに渡っています」

リサは一度の渡航で〝それなりの額〟を稼いで帰ると言う。思わせぶりな〝それなりの額〟を知りたかった。

「一泊二日、客の家で過ごし、食事の相手から夜の相手までをこなす『エスコートガール』のようなことをすると、少なくとも日本円で30万円程度になるんです」

それはリサのSNSに赤裸々に書いてあった内容と同じだった。

リサがオーストラリアに留学していた当時、1豪ドルは80円台半ばだったが、おりからの円安で、今は100円前後になっている。さらに売春価格の相場も当時の1・5倍近くになっているため、留学時代から比べたら、倍ほどの稼ぎになるという。しかし、リサはオーストラリアで稼いだカネは留学時代に開設したオーストラリアの口座に預金し、手をつけていないという。

「そういったお金で生活を始めたら、本当の売春婦になっちゃいますから」

あくまでいざという時のためだと説明するリサ。幸いなことにその〝いざ〟はまだ訪れていない。

SNSでのスカウト活動

リサに取材を始めて1時間。記者は彼女に気立てのよさを感じていた。こちらの話には目線を落とすことなく耳を傾け、話をするときにはユーモアを交えて語る。間違いなくモテるタイプの女性だろう。そんな彼女なら、もう少し突っ込んだ質問をしてもいいだろうと思い、「海外における日本人女性の値段」について聞くと、空気が一変した。

「なぜ、私がSNSをやっていると思います?」

少し困ったような顔で、そして声を潜めた。

「実は頼まれてやってるんですよ。オーストラリアの風俗店のオーナーに。私のSNSをいちばん見ている人って、多分、海外出稼ぎに行ってみようと考えている女の子だと思うんです。そういう子たちからは『私も行ってみたいんですけど、どうしたらいいですか?』というメッセージがたくさんくるんです。オーナーからも『いい子がいたら紹介して』と言われていて……そのためにやってるんですよ。

それにオーストラリアは売春が合法で、れっきとしたサラリーなので、数百万円程度なら現金で持ち帰っても問題ないですし。または私の紹介する置屋なら送金も滞りなくやってくれます。それに最大のネックである出入国も、私は向こうに住んでいたアドバンテージもあって、知人や会社の名前を出して、観光ビザでも問題なく入れる手はずを整えることができます。つまり、リスクを負わないで〝仕事〟を紹介してあげられます」

もはやリサは日本側のスカウトということだろう。

「スカウト？　でも、女の子の売り上げからお金が出たり、お店からもらうわけではないです。ただ本業での仕事を紹介してくれたり、いい男を紹介してくれたりするので、そのお礼といった感じです。熱心にダイレクトメールをくれたり、本気だなって思う子だったら実際に会うこともあります。ここコメダが多いんですけどね」

人懐っこく笑い、カフェオレに口をつけた。そしてこんなことを話し始めた。

「海外出稼ぎブーム」の実情

「今、ニュースとかで『海外出稼ぎブーム』みたいになってますよね。とくにオーストラリアは最低時給が2300円あまりで、世界でもっとも給料が高い国のひとつとして知られていますから、みんな『日本人はどれだけ稼げるか』という質問をしてくる。でも私がオーストラリアにいたころから〝日本人だから稼げる〟っていう感覚はなかったですね。だから私は少なくとも手を抜かず働こうと思っていました。英語はへたっぴでしたけど、へたなりに一生懸命コミュニケーションを取ったりして。

今、ブームに乗って、オーストラリアに行きたいと私に相談してくる子はちょっと感覚が違うなという気はしています。例えば英語を話せない、覚える気もない。カラダさえあればいいんだろう、っていう態度で。どうやって稼ごうと思っているのか、自分のどこを売るのかって聞いても明確な答えを持っていない。

たとえば、ホストにお金を使いたいから手っ取り早く稼ぎたい、だからさっさと終わらせたい。そんな態度の子と遊んでも楽しくないですよね？　それは海外の男性でも同じだと思うんです。せっかくお金を使うなら楽しいほうがいいに決まっている。そういうマインドの子ばかりが働いていたら日本人の評判は悪くなります。だから実際に紹介できる子は、ダイレクトメールを送ってきてここで会った10人に1人もいないです」

ふと、外を見やると、足早に帰宅するサラリーマンが増えていた。切り上げどきかもしれない。ただ最後にひとつ聞いておきたかった。なぜ取材を受けてくれたのかと。

「なんか面白そうだったから。取材を受けるなんて一生に一度あるかどうかだと思ったんです。知らない世界を知るのもいい経験だし」

不思議とそれはリサがシドニーの置屋に入るきっかけになった言葉と重なった。

リサは間違いなく、日本人女性海外出稼ぎの先駆者であり、成功者だろう。それは、未知の土地でも物おじしない、彼女の度胸からきているのだろうか。それとも旺盛な好奇心のたまものなのか。持ち前の気立てのよさが引き寄せた〝幸運〟なのか。

彼女は別れ際にこんなことを口にした。

「日本人が安くなった……別に悪い話じゃないと私は思いますよ。こうまでしてもはや稼げないなら海外に行く子も減るかもしれない。だって行かないほうがいいに決まってるんだから」

海外出稼ぎを斡旋し、逮捕された臼井の公判での一言を追記しておきたい。

臼井は逮捕される直前、自分が女性を送り込んだ海外の店からの苦情に悩まされることが多かったという。そのため女性を採用する前に釘を刺す意味で、つねにこういった言葉を投げかけていた。

「簡単に稼げる仕事ではない。そんな甘い考えでは誰も相手にしないよ」

第5章 カナダ・バンクーバー

——中国人ボスMと元エステ嬢ミユの証言

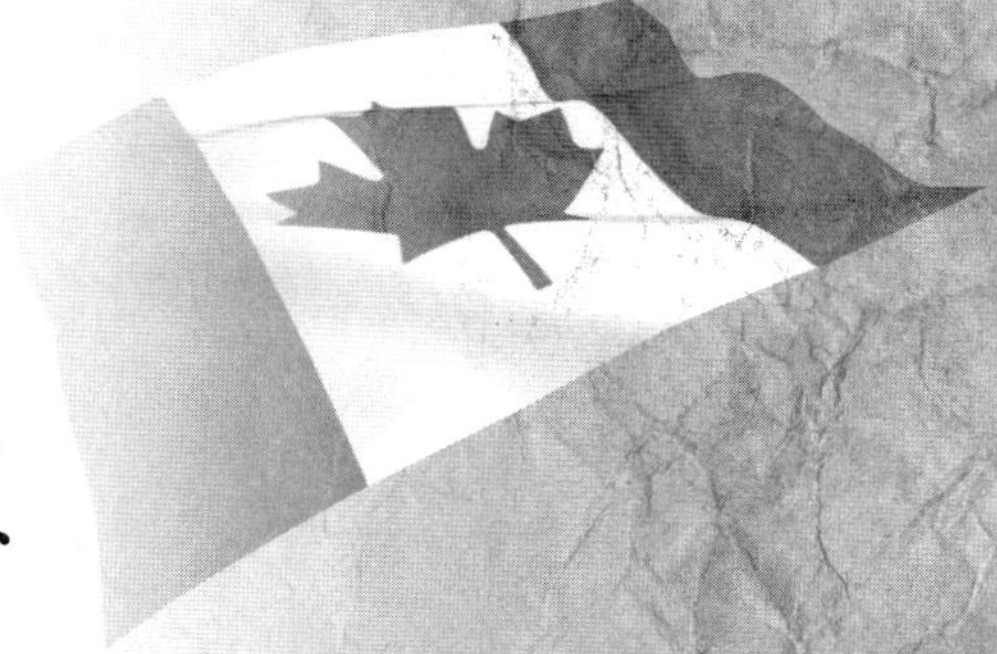

カナダの中国人ボス

「日本から女の子を送ってもらえるなら、あなたに日本の事務所を持たせてもいい」

カナダでの取材中、風俗店を仕切っているという中国人のボスからの突然の提案だった。当然だが、記者は風俗嬢のスカウトなぞしていない。ボスと接触するために、「スカウトやブローカーの仕事に興味がある」とだけ伝えていたのだが、どうやら妙な具合に気に入られてしまったようだ。

所狭しと中華料理が並べられた円卓で酒をあおりながら、正面にいる記者に力説する。

「お金はすべて私が持つし、かかる経費はすべて出します。あなたは一銭も出さなくていい。女の子たちを日本で見つけて、送ってくれるだけでいいです。そのかわり他の店との契約はダメね。私のためだけに働くというのが条件だよ」

ボスと出会ってまだ2時間余り。記者は初めは冗談だろうと苦笑いで返していたが、ボスの切れ長の鋭い目を見て本気だと悟った。淡々とした口調ではあるが、だんだんと声に圧を感じ始めていた。それまで和やかだったはずの空気は一変、ボスの背後に佇んでいるチャイニーズマフィアたちの存在がチラつき、記者はすぐにでもこの場から逃げ出したい気持ちになっていた。

在バンクーバー出稼ぎ嬢との出会い

そもそもなぜ、記者がこの中国人のボスと対峙することになったのか。まずはそこから説明しなければならない。きっかけはひとりの出稼ぎ嬢だった。

中国人ボスと出会う1か月ほど前、記者は取材班のひとりとして招集されたものの、どこで誰を取材すればいいのか皆目見当がつかず、途方に暮れていた。ただ、記者は英語圏の国での留学経験があるので、漠然とそちら側の取材を期待されているのだろうとは感じていた。しかし、そんなアングラな世界につてなどありはしない。貧乏学生としてアメリカの片田舎で勉強とバイトに明け暮れていたからだ。

結局、手始めに行ったのはSNSのXで「海外出稼ぎ」「風俗」と検索してみることだ。留学経験など何ひとつ生かされていないことに気づいて苦笑いする。

しかしそこは、「1日20～30万円」といった好条件を謳うスカウトからの募集で溢れていることに驚いた。さらにそうしたアカウントをたどると、「出稼ぎ中」と名乗る女性のものと思しきアカウントが散見された。こうなったら手当たり次第、こうした女性にコンタクトを取るしかない。正直に「海外で働く女性の取材をしている」と書いた。

コピペでダイレクトメッセージ（DM）を送っていると、すぐに女性と思われるアカウントから返信があり、「次の客の相手をするまでの1時間であれば」と、なんとリモート取材OKがでた。女性はカナダのバンクーバーにいるという。

スマホの時計を見るとちょうど午後1時になろうとしていた。バンクーバーはマイナス16時間なので、前日の夜9時ということになる。

見ず知らずの相手に自分の〝仕事〟のことを話してもいいというなんて、少々怪しいが、ほかに手立てはない。そのアカウントの主は「謝礼としてAmazonギフト3万円分がほしい」と言う。「それが取材を受ける条件」と言うが、どこの誰かもわからない人間への初っ端の取材としては躊躇する額である。騙されたとしたら経費としては認められないだろうと、半ばあきらめながらAmazonギフトの商品番号を送った。するとすぐにバンクーバーのアカウントの主にビデオ通話がつながった。果たして本当に海外出稼ぎ嬢なのだろうか？　どんな顔をしてどのような服装なのだろうか。

「ただお金が欲しい」

「こんばんはー」という若い女性の声とともに映し出されたスマホ画面は、白っぽい光で飛んでいた。彼女のスマホはテーブルに置かれ、カメラが向けられていたのは部屋の天井だった。とりあえず女性であることにホッとしつつ、こちらも努めて明るく挨拶した。軽い世間話をしようとすると、彼女は「身バレが怖い」と訴えた。顔を出すのを極端に嫌がる彼女を説得すること数分、録画しない条件で顔出しを承諾してくれた。

画面に写った女は暗めの茶色い髪色のショートボブ、メイクは薄くハデさはないが、目鼻立ちが整った顔。記者の頭に浮かんだのは女優の山本美月だった。日本で街を歩いていれば、男が振り返るような美人である。

名前は「ミユ」で23歳だと言った。出身は神奈川県の某市で、カナダに渡ったのは2か月前だという。旅行ではなく「出稼ぎ」目的だとはっきり言った。バンクーバーへの渡航は今回が初めてだというが、ある事実を聞いた刹那、記者は息を飲んだ。

「こういった仕事（風俗）は未経験だったんです」

「初めての風俗経験が海外」という彼女に思わず「それは、本当ですか？」と何度も聞き返した。画面の中の彼女はコクリと頷く。

借金のカタにはめられ、売り飛ばされたのか……と勝手なストーリーを作り、画面の中で作り笑いを浮かべる彼女を見て少し哀れんだ。しかしステレオタイプな取材しかできない自分をすぐに恥じることになる。理由を聞いた記者に対して、ミユはあっけらかんとこう答えた。

「来た理由ですか？　うーん。あぁ、別に借金があるわけじゃないですよ。他の人たちと違ってホストにも行かないんで。強いていえば整形をしたいくらいですかねぇ。でも整形に使うにしても200万程度じゃないですか。ただ、お金が欲しい。それだけです」

もともと高校時代にニュージーランドに留学しており、英語はある程度はできると言うミユ。カネを簡単に稼げて、ついでに英語も勉強できたらと、軽い気持ちで海を渡ったのだと説明する。

「風俗は経験ないけど、キャバクラはやったことあったんで、正直そんなに抵抗はなかったですね。私的にデメリットがないから……」

明るい画面のなかで歯を見せて笑う彼女に記者はやりきれない気分になった。わざわざ海外に行ってまでカラダを売るとはどういうことだ？　リスクをカネに換えるなら、さぞかし暗いバックボーンがあると思っていたが、ミユにはそれがないようだった。

聞けば両親には何不自由なく育てられ、それなりに名の通った高校と大学を卒業していた。彼女に欠けているものがあるとすれば、自らの将来の夢や目標といった類いだろう。見ず知らずの人の前で本心を語るのを恥じらい、返答を避けているようでもない。そこには自分探しをするありふれた若い子がいた。

残高20万円のエステ嬢

4か月前、ミユは東京23区内の賃貸アパートでダラダラとした日々を送っていた。勤務していたエステ店を、店長との人間関係の悪化を理由に、その1か月ほど前に辞めていたのだ。スマホのアプリで銀行口座を確認すると、残高は20万円あまり。生活費と来月分の家賃を払ったら残額は8万円。この状況を理解はしているものの、深いため息が出るだけで、さんざん漁った転職サイトを開く気もでなかった。

「実家に帰ろうか……」と考えたとき、半年前に同じエステ店をやめた先輩に相談のLINEを送るとすぐに返信があった。

「海外で働く気ない？　海外で働くなら家賃もいらないし。私が使ってるエージェント紹介しようか？　日本のエステより全然ラクに稼げるし、単価もいいよ」

先輩は数か月前からワーキングホリデービザを使いカナダのマッサージ店で働いているという。聞けば風俗店まがいのことをする店のようだ。この間まで働いていたエステ店は性的サービスを提供する店ではなかったため、先輩はこうした店で働くことを心配してくれたが、「日本でやりたいことがないし、抵抗もないですよ！」と、前向きな返事をした。不思議と迷いはなかった。

「海外生活」と「ラクに稼げる」。この2つは近い将来に希望が持てなかったミユにとってパワーワードだった。とりあえず、「進むべき道が開けた」と思った。向こうに行けばなんとかなるだろう。風俗というハードルはあるにせよ、なぜか気分が晴れてきた。

ここで、一応説明しておくが「ワーキングホリデー」とは、日本が協定を結んだ国で異文化交流や相互理解を促進するために生まれた海外留学制度。ビザを申請できるのは18歳から30歳までとなっている。

カナダなら、ワーキングホリデーの期間は1年で、基本的に就労制限はない。だからどんな仕事に就こうが、いくら稼ごうが自由なのである。ただしこれは当然のことだが、風俗業、ましてや売春をするために発行されるビザではない。そうした風俗関連の仕事は固く禁じられており、ビザ申請書の約款にもその旨が明記されている。見つかれば強制送還という重いペナルティを受ける。

「見つかったときはそのときだ」

ミユはさっそく先輩の教えのまま、ビザをスマホで申請して取得。ビザ代が約4万円というのも懐が心もとない彼女には幸運だった。さっそくアパートを解約し、先輩に紹介された日本人エージェントに言われるがままスーツケースひとつで渡航した。

バンクーバーの空港に降りたが、どこに行くのかなど何も聞かされていなかった。

中国人男と韓国人女

しかし、事前に指示されたのは、「ウィーチャット」という中国版のＬＩＮＥを起動することだった。すると到着口で中国人の男が迎えに来ていることがわかった。欧米人でごった返す到着口に無表情の中国人が佇んでいた。携帯を掲げるとすぐに見つけたようで、荷物とともにクルマに乗せられた。英語で話しかけてみたが、理解できないのか、あえてそうしているのか全くの無言だった。

男のクルマが向かったのはバンクーバーの中心地のそれほど大きくないアパートだった。出迎えた別の男は英語が話せる中国系で、男いわく、中国人のボスがオーナーで、アパートの10部屋以上がプレイルームとして使われ、すでに日本人女性も数人いるという。

案内された部屋には韓国人の女がいた。日本でいう1LDKの部屋。リビングとベッドルームがあるが、双方にシャワールームがあった。玄関を入ると、客は直接女の部屋を訪れる仕組みのようだ。韓国人の女がリビングを占有しており、ミユはベッドルームをあてがわれた。

「思っていたよりもきれいなんだな」

それが部屋を見たミユの第一印象だった。


カナダで売春は公的に認められていない。売春を罰する法律はないが、買春は違法ということなのだ。売春宿の経営を含む売春に付随する多くの行為が罰則の対象になっている。そんなに多くはない荷をほどいて、スマホでそんなことを調べていると、長旅の疲れか眠りに落ちていた。

翌日、店から「30分コースで指名が入った」ことがウィーチャットで伝えられた。事前に「ミユはこの仕事が初めてだ」ということは客に伝えてあると付け加えられていた。不思議と緊張はなかった。日本でエステの客を迎えるのと変わらなかった。

「カネのため」と心の中で繰り返し、呪文のように言い聞かせた。「初めての客」は英語がしゃべれる40代の中国人で、すぐ近くに店を構える飲食店の経営者だという。客は気を使ってくれているのか、笑顔で、しかもゆっくりとした簡潔な英語で話してくれた。

店から事前にウィーチャットで説明されているとおり、前金で240カナダドル（約2万6000円）を受け取り、自ら服を脱ぎシャワーへと案内した。

店からはこれまたウィーチャットで、前後の着替えとシャワーが各10分、行為は10分と伝えられている。

見ず知らずの男と裸で向き合い、自らのありとあらゆるところを触られる。

「でも、これは仕事」

自分がこんなことをしていることを知る人間は誰もいない。しかも異国の地だ、考えると、すっと気がラクになった。心を無にしていると、行為は終わった。男が自分に覆いかぶさっている10分間を含め、30分はあっという間の出来事だった。男が紳士的に接してくれたこともあったのだろう。初日は気づけば、11人の男たちがミユの部屋を訪れていた。

その初めての客から2か月。今やスマホの画面の中で微笑む彼女を200人以上の男が指名していた。

ひと晩53万円の売り上げ

「怖い思いはしてない？」

ここまで、あっけらかんと説明するミユに記者は問いかけた。

「お客さんは意外とみんなやさしいです。チップもくれるし。怖い思いはしたくないから、自分でも線引きはしているんです」

この店でもデリヘル的に客のところに出向く「アウトコール」があるのだが、ミユは自分の部屋でのみ客を取る「インコール」に限定しているのだという。

「オプションでノースキンとかあるけど、私は必ずゴムつきでやってます。こっちの保険に入れないから。もし性病にかかったら治療費のほうが高くなるし、その治療で1週間休めば100万円ほどのロスになっちゃう」

ミユは今、朝の11時から夜の12時まで働いて一日10人ほどの客を取っている。彼女は自分の勤勉ぶりに胸を張った。

「昨日は多いほうで12人でした。それでいくらかな……4850カナダドル（約53万円）か。けっこう多くないですか？」

厳密に言えば4850ドルというのは売り上げだ。そこから40％を店に渡すと、ミユの一日の収入は3000ドル弱（約33万円）ということになる。

この店のコースは30分から120分まであるが、多くの客が30分か40分を選択し、1時間以上を費やす客は富裕層だという。いちばん短い30分コースの代金で240ドルなのだが、短時間で稼げるという点も彼女は気に入っているようだった。また、英語をしゃべることから、最近ではリピーターの客が増え、自信がついたという。

「スペ107」

「一応〝スペ100〟以上あるんでビジュアル的にも悪くはないはずなんですけど。

ああ、私もこっちに来て知ったんですけど、スペックの略で、出稼ぎでよく使われてる風俗用語らしいんです。身長から体重を引いて100以上なら『高スペ』。私は身長152センチで体重45キロだからスペ107になるんです。女の子たちのビジュアルを判断する基準みたいなもので、100を下回ると『低スペ』ってことになるらしいです。私の場合、胸はFカップなんですけど、お尻も大きくてコンプレックスだったんです。でも、こっちの人にはウケがいいみたいで、そこは褒められますね。とくにお尻をけっこう触られます。ご奉仕してそのあと騎乗位という流れが多いんで。後ろからされるってことはあまりないんですけど、ずっと触ってる人が多いですね」

そんな彼女は、突然何かを思い出したように漠然とした数字を口にした。

「2000……こっちにいる間の1年間で2000万円貯めたらやめようかなって。それだけは達成しようと思ってます。なんで2000万円かって言われると自分でもよくわからないけど。計算したらそれぐらいはすぐにいくかなって思ったんです。いま2か月で600万円貯まったから、そんなにかからないかも、ですけど」

確かにこのペースなら半年程度で2000万円を貯めることができるだろう。ミユから実態を聞くにつれ、記者の関心は彼女の同僚よりも、〝後ろにいる人物たち〟へと向いていた。ビデオ通話を切られるのを覚悟しつつ聞いてみた。

「実はボスはもちろんなんですけど、ここの関係者は姿を現さないんで、ほとんど会ったことがないいんですよね。現金のやりとり以外は仕事の内容も含め、全部ウィーチャットです。でも、これが面倒くさくて、全部中国語で送られてくるんです。たまに英語だけどスペルや文法がめちゃくちゃな英語。だから中国語を翻訳アプリで変換してチャットするんです。今までボスがどんな人とか気にしたことなかったですね」

裏で糸を引く人間が中国人であることは明らかだが、記者はビジネスを仕切る人間たちに興味を掻き立てられた。なんとかして、そのボスに会って話を聞くことはできないだろうか。それをせずしてバンクーバーにおける「出稼ぎ風俗」の実態は見えてこないのではないだろうかと。

バンクーバー潜入取材

２０２４年９月某日。

短い夏が過ぎたカナダ・バンクーバーの空は厚い雲に覆われ、小雨が降っていた。街は日中にもかかわらず、薄暗くどんよりとしている。今回ここを訪れた理由はミユを雇っていたボスの組織のトップに会うためだ。

記者のボスに「バンクーバー取材をしたい」と願い出たところ、あっさりＯＫが出て驚いた。巷ではドル高円安のニュースが連日流れ、お盆の海外旅行から帰国した家族連れが「食費を削った。宿泊費が高騰して大変だった」などと空港でマイクを向けられて、うれしそうに話していた。

北米に路線を開設したＬＣＣに乗り、極力カネを使わない取材を心がけようとしているが、やはり相応の経費はかかるだろう。こんなご時世、海外取材が許されたことに正直驚かされた。

もうひとつ記者を驚かせたことがあった。

事前にミユの知り合いだと称してミユ経由で組織のボスへの面会を頼んでみたところ、あっさりとＯＫが出た。「自分は女性を扱う日本のスカウトだ」「できれば一度挨拶させてほしい」という〝建前〟で面会を申し込んだのだ。パスポートの写真など身分証明を求められるかと思っていたが、それはなくて安心した。もちろん偽名で通した。

バンクーバー国際空港から市内の安宿にチェックインした記者は、フロントで聞いた路線バスに乗り込んだ。バスはオフィス街を抜け、低層の建物に飲食店や商店が連なる生活感溢れるエリアを進んでいた。車内を見渡すと10人ほどいる乗客のうち、8～9割が中国人と思しきアジア人だった。

車窓に目を移すと、街の古びた看板にも中国語が目立つ。中華街といったきらびやかなものではなく、中国という国そのものをそっくり持ってきたような光景だった。

指定された住所を訪ねると、大通りに面した看板もない小さなオフィスだった。ガラスのドアから中を覗くとデスクがいくつかあり、何の変哲もない「中小企業」だった。

事前に記者はバンクーバーで観光ガイドをしている知人にこの住所を伝えていた。大学時代の同級生が偶然にもバンクーバーで働いていたのだ。そして万が一、記者の身に何かがあった場合は、地元警察に駆け込んでもらうよう頼んでいた。

ポケットWi－Fiを用意してスマホとつなぐと、位置情報アプリで現在位置を共有してもらっていた。

そもそも相手は何者かわからないうえ、取材者であることが露見したら何が起きるか。「面倒なことになりませんように！」と祈りながら、意を決してガラスドアを引いた。

すぐに鼻をついたのは、八角の独特な匂い。どうやら遅い昼食の時間だったらしく、奥の応接スペースでは30代くらいの男2人が中国語で談笑しながら白い器に盛られた白米や中華料理を、がっつくように口に運んでいた。入ってすぐにあるデスクの若い中国人女性に英語で事情を説明すると、申し訳なさそうに「ボスは今日オフィスには来ないの」と英語で答えた。

壁に貼られたポスターやデスクに置かれたパンフレットを見る限り、不動産関係の会社のようだった。「わざわざ、ボスに会いにきたんだけど……」と英語で少し強い口調で伝える。同じ東洋人である記者に同情したのか、事務員らしき女性はあちこちに電話をかけてくれた。

数分後、「フォローミー」と言いながら女性はオフィスを出ていき、正面に駐車していた白いベンツの助手席に乗るよう手招きした。

“ATM御殿”

記者が座る回転式のダイニングテーブルには、昼間にオフィスで嗅いだ八角の臭いを漂わせた料理が並べられていた。日本でも高級中華料理店で見る回転テーブルを囲んでいるのは記者を含めて４人。

手元のお猪口には紹興酒のような色をしているが、香りのきつい酒が注がれていた。正面の男が片手でお猪口を顔の前まで持ち上げると、ほかの２人が続く。記者もそれに倣って猪口を掲げる。なにかの儀式のようだが、これが中国式の飲み方なのだろう。男たちが飲み干すのを確認すると、記者も勢いよくその液体を流し込んだ。カァッと焼けるような熱さが胃に落ちていった。


30分ほど前。記者を乗せた白いベンツが着いたのは、海沿いにある豪邸だった。運転してきた女性事務員は「ボスの自宅」だという。その豪邸の主は中国人で礼儀正しく、Mと名乗った。

驚いたことに、Mは流暢とは言えないが日本語をしゃべった。Mを目の前に記者は正直いささか拍子抜けしていた。裏組織の〝ボス〟といえば大柄で強面を想像していたのだが、Mは小柄で少し浅黒い40代後半の男。表情や佇まいは穏やか。食堂のオヤジという感じで、威圧感を全く感じさせない。

簡単な自己紹介を済ませると、ボスは自慢げに窓の外を指さした。

「趣味でね。クルーザーに乗りたくてこの家を買ったんだ。最近買い替えたばかりさ」

窓の外。指さす先には、いかにも成金趣味といった、真新しく黒光りしたクルーザーが停泊していた。松の木が植えられた広い庭には盆栽が並べられ、ちょっとした日本庭園のような景色が広がっていた。自ら手入れをしているとMは庭仕事の道具を持ってきた。しかし、日本人に見せる機会はめったにないらしく、「素晴らしい盆栽ですね」と褒めると、初対面でありながらもMは記者の両の肩に手を置いて破顔一笑した。

機嫌をよくしたMはこの豪邸を〝ATM御殿〟と呼んだ。

その理由を聞かされるのは酒宴もたけなわになってからのことだった。

出所祝い

ひとしきり庭の説明が終わると酒宴が始まった。Mと記者、そして若い中国人男性2人が円卓を囲んだ。

記者の両脇に座り、酒をあおる2人の男は何者なのか。Mに聞けば、北京出身の20代の若者で、いずれも中国本土の役人の子息だという。両親がここバンクーバーで買い漁った不動産を貸し出して、そこの家賃を子息が回収しているのだという。不労所得で食っている道楽息子だろう。大げさに驚くと、彼らはスマホで愛車の写真を見せてくれた。フェラーリ、ベントレーにメルセデス……それらには記者が逆立ちしても買えないような代物だった。

たちまち酔いが冷める思いだったが、Mの話では、彼らが決して特別というわけではないという。バンクーバーでは似たような境遇の中国人の若者が多くおり、Mが面倒を見る代わりに、〝簡単な仕事〟を手伝わせているのだという。

酔ったMが口を滑らせた。実はこの日は2人のうち一人、Tの〝出所祝い〟で、ボスが得意料理を振る舞う予定だったのだという。記者は日本から来た〝珍客〟として招かれたのだ。

Mはまるで自分の息子のようにTを紹介した。

「Tは襲撃犯を返り討ちにしたんだ！　こいつは度胸がある。将来が楽しみな男だよ」

何度目かの乾杯のあと、MはTを称えながら誇らしげに事件の顚末を話し始めた。

1週間前、Tは自分の高級外車を運転していた。自宅付近の交差点の赤信号で止まると、突然2人組の男に襲撃されたという。一人の手にはナイフ、もう一人は拳銃を振りかざし、銃口をTに向けながら、「持ってるものを全部出せ!」とまくし立てた。

実はこの時、Tは大量のコカインを運んでいる最中だった。万が一を考えて、オーディオ機器の奥にガムテープで張り付けて運搬していたのだ。Tはドラッグバイヤーとしての顔を持っていた。襲ってきた男たちは、Tがコカインを運ぶというタレコミで待ち伏せして、脅し取ろうとしたのだ。

そこでTは、クルマを一旦勢いよくバックさせると、アクセルを力いっぱい踏み込み、拳銃を持っていた男を轢き殺したというのだ。するともうひとりはナイフを捨てて逃走。

結局、目撃者の証言などから、〝通り魔〟に襲われたTの正当防衛が成立、4日前に晴れて釈放されたのだという。クルマは全損で、ディーラーにレッカー移動されていたが、コカインはMが回収。Mは「口止め料」としてディーラーの胸ポケットに100ドル札を10枚入れたという。

まるで映画のアクションシーンを語るように、武勇伝を日本語で嬉しそうにしゃべるM。完全に酔いからさめた記者はもはや愛想笑いをするしかない。そして、ここに来たことを後悔し始めた。

しかし、Mはなぜこんなに流暢な日本語を操るのだろう。酔ったふりをしてMに聞いてみた。するとMは意外なストーリーを話しだしたのだ。

今から23年前。イスラム過激派組織による「9・11」アメリカ同時多発テロ事件が起き、世界中が混とんとする、まさにそんなときのことだ。

ボスの正体

2001年秋、東京。パスポートの入ったトランクケースを後部座席に載せ、クルマを走らせる男は、苛立っていた。「早く空港へ」焦る気持ちと〝守らざるを得ない〟制限速度との間で平常心を保てずにいた。運転しているのはナンバープレートをすり替えた盗難車。ようやく成田空港近くのパーキングに車を滑り込ませるとそのまま乗り捨て、空港への送迎バスに乗り込んだ。母国の中国に帰るわけではない。行き先はカナダだ。

「思っていたよりも警察の動きが早かったが、もう十分すぎるほど稼がせてもらった」

日本では数年前から続く、連続窃盗事件がニュースやワイドショーを騒がせていた。スーパーの駐車場などに設置されたATMをショベルカーと大型トラックで根こそぎ強奪するというもので、関東を中心に全国各地で相次いだ事件だ。

窃盗グループは複数あったが、男は同じ北京出身者が集まる犯罪集団のナンバー2だった。ATMの強奪以外にも、借金で首が回らなくなった日本人の女らを使い、企業の社長や重役に美人局を仕掛け、キャッシュカードやクレジットカードを奪うなど、悪行の限りを尽くして荒稼ぎしていた。

犯行に及んだ4年余りで男の取り分は数億円にのぼり、カネは香港経由で手元に届く手はずを整えていた。

日本語でMは言った。「それがオレのゲンテンだ」と。

そのあとしばらくはMと若者2人の中国人同士の、中国語での会話が続いた。記者は会話に参加できないままでいたが、どんなに飲んでも酔いが回ることはなかった。

ATMの強奪事件、実は記者も幾度か取材したことがあるのだ。ATMをショベルで土台から引っこ抜き、めちゃめちゃに壊す。あの荒っぽい所業は「狂気の沙汰」を感じさせた。おそらく、誰かが犯行を目撃し、制止したとしても、その人ごとATMにショベルの爪を突き立てていただろう。それまでの日本では考えられない、常軌を逸した所業だ。

人の命すら何とも思わない輩たちと対峙している緊張感に支配されていた。

しかし、それでも記者は問いけなければいけないことがある。時折訪れるタイミングを逃すまいと、気を張った。そう、記者は日本人風俗嬢を派遣するエージェントなのだ。仕事の話をしたいと、申し出る。なぜ日本人を使って風俗をやるのかと。

勤勉な日本人風俗嬢

「理由？　それはどこの国の人間よりも稼いでくれるから。勤勉がいちばん。前はこっちの風俗で働くのは中国人か韓国人か、あとはベトナム人。日本人とウソをついて働く韓国人はいても、本当の日本人はいなかった。だか、僕はね、ずーっと日本人の女でマッサージとかインコールをやりたかったの。こっちの男は日本人なら倍は出すってわかってたから。やっぱりブランドが違うよ。それだけ日本人の女は貴重だった。みんな昔から日本のＡＶを見てるからね。今はマッサージ店を1軒。インコール用のアパートは3軒ある。だけど初めは日本人の女の子を働かせるルートがなかった」

日本での〝仕事〟のあと、バンクーバーに来たMは知人を頼って始めた不動産業を生業に事業を大きくしていったという。しかし、「カネ＝日本」という歪んだ考え方は日本を離れても消えることはなかった。

そうして新たに目を付けたのが、当時はまだ世界で〝流通〟していなかった日本人風俗嬢だった。きっかけは10年前。不動産関連の求人に応募してきたワーキングホリデーの日本人女性だったという。

「その子に日本に向けて情報を流させた。中国人が勧誘しても女の子は信じないでしょ。だから日本人の女の子に直接勧誘させたの。こっちの日本人コミュニティがあるでしょ。そこの掲示板に書いてもらった。でも全然ダメ。ところがSNSが発達してきたからそっちに書いたら反応があった。『こっちに来る飛行機代も出すし、宿泊費もいらない』ってね。最初は半信半疑だったけど、今はもう一度勧誘の書き込みをすれば、50通は来るような状況だよ（笑）。今は風俗嬢の10人に2人か3人が日本人。他の風俗店の中国人経営者たちもまねして、今じゃ日本人の取り合いになってる」

Mは杯を重ねている。顔色ひとつ変えないから強いのだろう。しかし、つき合わされた両脇のふたりの道楽息子はすでにテーブルに突っ伏している。記者はそれ以上酒には口をつけなかったが、まだ意識がある日本人をMは気に入った様子で、帰そうとはしない。やはり気になるのはカネだ。

「仕事をすれば、俺の取り分はどうなる？」と単刀直入に聞く。

「客が支払った額の60％が女の子。30％が私や現地のエージェント。10％は君たちのような日本のエージェントに支払われる。悪くない話でしょ？　日本人を買いたい男はこの国にまだ大勢いるし。私に稼がせてくれれば、君に損はさせない。どんどんこっちに送ってくれるか？　ウチはまだたくさん空き部屋があるから」

Mは突如、名案を思いついたとばかりこんな提案をしてきた。

「あなたに日本の事務所を持たせてもいい。要は日本支社だね。それなら風俗以外のビジネスもできる。お金はすべて私が持つし、必要経費はすべて出します。あなたは一円も出さなくていい。日本で女の子たちを見つけて、送ってくれるだけでいい。そうすればあなたは一生遊んで暮らせる」

Mの言葉には妙に説得力があり、人をその気にさせる話術を持ち合わせていた。カネやビジネスの話になると、それまで穏やかだった表情や口調が一変、ピリッとした空気を醸し出す。隠し切れないカネへの執着心を感じざるを得なかった。

今後は誰とどうやってビジネスを進めればいいのかと尋ねると、「すべてウィーチャットだ」と言った。記者はすでにアプリをインストールしていたので、アカウントを見せると、Mは大きく頷いて「後日、部下から連絡させる」と約束した。

「部下とは、昼間オフィスにいた人たち？」と水を向けると、Mは即座に否定した。

「彼らは不動産管理を任せているただの社員だよ」

さながら、日本の反社会勢力が身分を隠してカネを得るためにつくる「フロント企業」だろう。これ以上の質問は身に危険が及ぶと思い詮索するのをやめた。風俗まわりの雑務は、両脇で寝息を立てている道楽息子らのような若者が担っているのかもしれない。

「中国人は中国人を信用しない」

腕時計に目をやると、もう夜の8時になろうとしていた。「今日はホテルでゆっくり寝たい」というと、Mは自らアプリでタクシーを呼んでくれた。

帰り際、ずっと気になっていた質問をぶつけた。なぜ初対面で、しかも外国人である自分を家に招いてくれたのかということだ。

Mの答えは日本人の記者には理解しがたいものだった。

「それはね、あなたが日本人だから。中国人は同じ中国人からも信用できない。初めて会って家に招き入れたりしない。中国人の考え方は『騙されたほうが悪い』。私は中国人を信用しないけど、日本人は信用してる。あと、たまには日本語を喋らないと忘れるでしょ」

Mの表情からそれがリップサービスではないことが読み取れた。決して人を信用しない。通底するのは「カネのために利用できるか、できないか」。酒は入っているがMの目つきは冷淡だった。この日本人が本当に信用に足るやつなのか。記者の表情や動きから終始目を離さない。

玄関で礼を言い、タクシーに乗り込んだ。Mが見送る豪邸を後にし、バンクーバー在住の知人に、無事をLINEで報告すると、数秒で既読マークがついた。

日本人女性急増の影響

Mとはその後、直接の連絡は取っていなかったが、異変が起きたのはカナダ取材を終えて2か月後のことだった。ウィーチャットに部下らしき人物から中国語の短文メッセージが送られてきた。翻訳アプリで日本語に変換すると「女の子を送るのは少しだけ待ってほしい」とのメッセージだった。初めから送るつもりなど毛頭なかったが、「事務所を持たせてもいい」とまで言い放ったボスに何があったのだろうか。

ミユにその旨のメッセージを送ると、すぐに通話アプリで電話がかかってきた。相変わらずレスポンスは早いが、直接電話がかかってきたのには少々驚いた。しかし、電話口の声は沈んでおり、前回話したときよりトーンが一段低かった。

「ヒマなんで電話しちゃいました。さっきまで旅行の準備をしてたけどやることなくて。私、明日から1週間の休暇をもらってシアトルに行くんですよ。アメリカ西海岸でも回ろうかなって……」

直接声を聞くのはリモート取材のとき以来なので、かれこれ3か月近くがたっている。何が起きたのか、M側から送られてきたメッセージについての印象を尋ねると、こんな事情を話してくれた。

「閑散期なんですよ。お客さんが減っちゃって。昨日、一昨日なんて3人とか4人とか。もう新規のお客さんはほぼゼロですね。お客さんに聞いたら日本人がまた何人か入ってきたって言ってて。私のリピーターさんも新しく入ってきた日本人の子に流れちゃったし。ほかの子たちがどういう状況なのかさっぱりわからないけど、おそらくなんですけど、日本人の女の子が増えたせいで飽和状態になってるっぽいんですよ……」

濡れ手で粟で稼ぎ続けられる。そんなうまい話は海外にもないのだ。実際に情報を集めてみると、北米や欧州での稼ぎに陰りが見えてきたと話す出稼ぎ嬢は多い。需要と供給のバランスが崩れ始めているのだ。日本人だってチヤホヤされるのはミユのように「新人」である3か月が限度というのもうなずける。

ミユに「日本に帰る気はないのか？」と尋ねてみた。

「う〜ん、この前、日本にいる普通の仕事をしている友達と話したんだけど、月の手取り15万円で働いてるって言っていて。『え？　それ私の先月までの日給じゃん』って。直接本人には言えないけど、そんな日本で働くなら、ちょっとはリスクがあっても私はこっちの生活を選ぶな。オーストラリアとか別の国に渡るのもいいかなって考えてて。そっちにしっかりとした実績を持ってるスカウトがいないか探してるところです」

何げない会話だったが、ミユは出稼ぎの「沼」にどっぷりハマっていた。きっとオーストラリアに行くのだろう。だが、その先にどんな未来があるというのか。流れ流れてどこにたどり着くのだろう。

ミユの末路を考えたとき、Mの顔が浮かんできた。Mにとって日本の出稼ぎ嬢は「使い捨て」「消耗品」だろう。いつだって女衒にとって女とはそのようなものだ。

しかし、自分の店が稼げなくなっている状況を今、どう思っているのだろうか。

日本人が性処理をしたそのカネが中国人犯罪集団を潤しているのは事実だ。店がつぶれようが、経営者が代わろうが、そうした搾取の構図のなかに日本人女性がいる。

いまSNSで「海外出稼ぎ」と検索すると、カナダに女性を送ろうとしているスカウトマンらが大量の書き込みをしている。実際には女性はカナダでは稼げなくなってきているがその現実を伝えるどころか、札束の画像をあげて必死のリクルートに励んでいる。日本人の性とカネを貪り、私腹を肥やそうとする中国人のために。

記者がバンクーバーで見たものはそのほんの一部分にすぎない。

第6章 カンボジア・プノンペン

——飛田新地経営者Kとレイラの証言

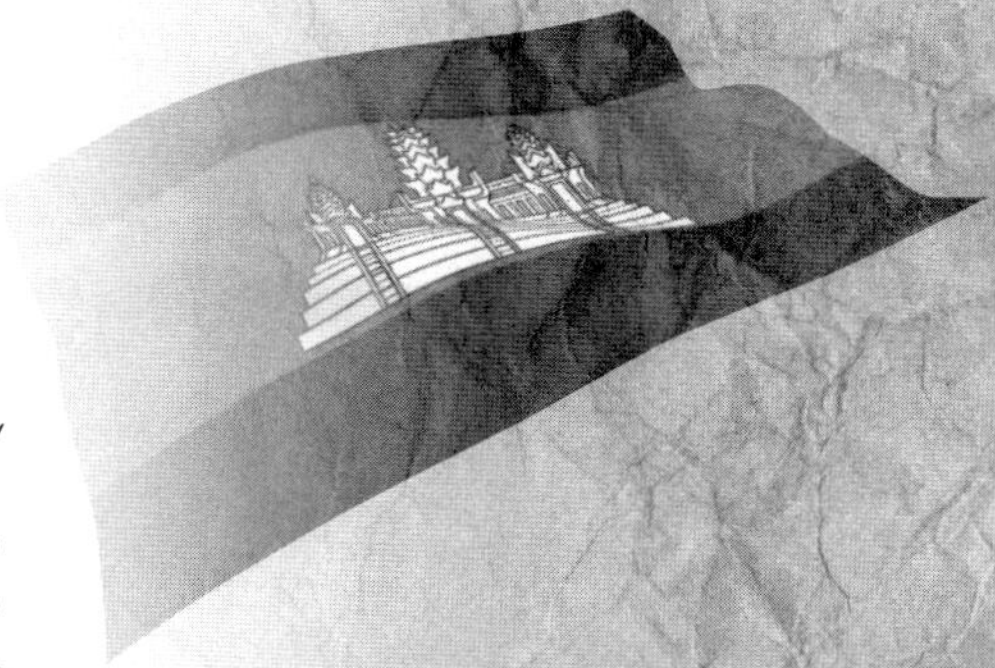

「ルフィ」の影

２０２４年10月、本書の執筆の最終段階に差し掛かっていたが、思わぬ中断を余儀なくされた。関東を中心に広域連続強盗事件が発生していたからだ。警察庁によると、この事件は同一人物が関与した可能性を含め、同年11月４日時点で23件にのぼるという。

この連続強盗事件で、２０２３年に日本中を騒がせた闇バイトで集められた若者による連続強盗事件、通称「ルフィ事件」を思い出した人も多いだろう。

実は今回の取材班の多くは、当時の「ルフィ事件」を取材し、『「ルフィ」の子どもたち』（扶桑社新書）というタイトルで上梓している。そんな経緯もあり、「似たような事件を取材したことがあるだろう」というあまりにも短絡的な理由で、今回の強盗事件の取材にも駆り出されることとなったのだ。

そして、幸か不幸か、記者もその一員に選ばれた。

その強盗事件の取材内容については、本書の主旨とは異なるため詳細には触れないが、一見、無関係に思えた取材が、本書のテーマへと導かれていく結果につながったのだ。

今だから書けるが、『「ルフィ」の子どもたち』の取材ではかなりアンダーグラウンドな組織にも接触し、取材を行った。今回もそのネットワークを頼り、何かしらの情報が入っていないか〝探り〟を入れていた。

しかし本当に知らないのか、話せないのかは定かではないが、実に曖昧な返事がほとんどで、ある意味想像通りの結果となった。経験上から言えるが、裏社会の人間は現在進行形のシノギに関してはやたらと口が重くなる傾向にある。

記者はルフィ事件で培った人脈が使えそうもなく、途方に暮れていた。その日は取材を早めに切り上げ、場末の酒場で作戦会議に講じるか、そんなことを考えはじめたとき、ある人物が興味深く、にわかに信じられない話をもたらしてくれた。普段は話の長いことが玉に瑕で、それでいて話の確度は五分五分、いわば「中の下ランク」とみている情報屋からだった。

中の下ランクの情報屋

「おぉ、俺はその話ならできるぞ」

電話口で威勢よく語ったものだから、すぐに情報屋にアポイントを取った。大した期待があったわけではない。しかし、いかんせん取材は進んでいない。藁にもすがる思いで、その電話の数時間後には秋葉原駅近くの酒場でその男と向かい合っていた。

ヨレヨレのウインドブレーカーに無精髭。年齢を聞いたことはないが60は優にすぎている。かつて繰り返した窃盗で懲役に行き、そこで出会った組関係者のつてでデリヘルのドライバーをしている、というのは本人の弁だが、どこまで本当なのかはわからない。

記者は情報屋の焼酎グラスにホッピーを注ぐと同時に「その節はお世話になりました」と心にもないことを口にした。ガセネタを掴まされた記憶のほうがはるかに多いが、情報屋はそんなことは意に介さず、ホッピーを一気にあおるとまくしたてた。

「連続強盗？　ありゃひどいな。どんどん凶悪化しちまってるじゃねえか。まだ1年しかたってねえのにルフィ事件がかわいく思えるしな。あいつらの素性を知りたいんだろ？　トップが何者かはわからねえが、あいつらの根城なら知ってるぞ、ネジロ……」

情報屋はそこまで話すと、彼のルーティン——半分ほどになったグラスにホッピーを注ぐのだ。いいところで間を置くという手法だ。少しでも情報にありがたみを持たせたいのだろう。

「あいつらはカンボジアにいるぞ。それもタイとの国境付近だ」

「えっ⁉　そうなんですか？」

大袈裟に反応したものの、正直、とくに目新しい情報とは思えなかった。そんなことは「ルフィ事件」のころからまことしやかにささやかれていたからだ。ルフィグループへの捜査でフィリピンルートが壊滅。残党たちはカンボジアを含む東南アジアに散らばり、特殊詐欺を含めた犯罪行為をしていると、他の闇社会の人間、しかも複数人から教えられたことがあった。実際にルフィ事件以降、カンボジアでは摘発も何度か行われていて、数十人規模の日本人が逮捕される事件は後を絶たないのだ。

カンボジアと聞いて、半分以上興味を失っていた。仕事は抜きにして酔うか、そんなことを考えながらも、間を持たせようと質問を投げかける。

「そんなことどうやって知ったんですか？」

「最近、日本人の女が海外に行って売春しているのを知ってるか？　アメリカとかヨーロッパ、金持ちの国に行くことが多いんだけど、実は最近、カンボジアに女を送れってことで、ある組織が躍起になって売春婦を集めてるんだよ。おかしいと思わないか？　いくら日本が貧乏になったからってまだカンボジアには負けてないだろう。それで、一体誰が買ってるんだって思って、ちょっと調べてみたんだ」

カンボジアの〝サギ村〟

情報屋は再びルーティンをかます。タバコのアメリカンスピリットに火をつけ一服。記者は先ほどとは違ってかなり前のめりになっていた。情報屋の術中にハマっている自覚があったが、情報屋はそんな記者を見ながらにやついて、話を続けた。

「カンボジアには〝サギ村〟ってのがあってな、いわゆる特殊詐欺を仕掛ける総司令部があるんだよ。そこでは日本で集められた連中が〝かけ子〟をしてるんだけど、カンボジアだとタイやフィリピンと違って、稼いだカネを使う魅力的な場所がない。それゆえかけ子が集まらないそうなんだ。さしたる娯楽もないからトンズラ（逃げる）するヤツも後を絶たない。だから、せめて女だけは集めてやろうって考えた。いわば慰安婦だよ」

居酒屋で「慰安婦」という単語が飛び出し慌てたが、幸い喧騒がかき消してくれた。

「ほら、今の連続強盗のヤツらの根城がカンボジアにあってもおかしくないだろう」

たしかに話としては筋が通っている。記者は以前、別の闇社会の人間からカンボジアに逃げた連中の根城を聞かされたとき、ある地方都市の名前を聞いていた。それをＧｏｏｇｌｅマップで調べると「ムラ」という印象しか抱かなかった。幹線道路以外は道路も舗装されておらず、盛り場の類いはなにも見られなかった。市場のようなものはあったが、コンビニすら見当たらないのだ。ここで暮らすのなら、懲役に行ったりマグロ船に乗るのと変わらない。こんな場所で生活するなんて考えられない、と恐怖すら感じたほどだ。

ルフィ事件の取材では、フィリピンにいた主犯格らは、日本でリクルートし、現地で働かせていたかけ子に、成績に応じてだが時には女をおごり、時にはリゾートに連れ出すなどしていた。しかも、カジノやキャバクラの類の店に出入りすることも許していた。ニンジンをぶら下げつつも結局は大半を、奴隷のように働かせていた。カンボジアの寒村であっても、せめてそこに〝色気〟が存在するのであれば、かけ子たちをつなぎ留めることができるかもしれない。

すっかり炭酸が抜けたチューハイを舐めながら記者は思案していたが、好奇心が勝った。情報屋にカンボジアに関する取材をさせてほしい旨を告げ、手元の酒を飲み干した。不安がないわけではない。目の前でホッピーのお代わりを頼んでいる男は「中の下」の情報屋なのだ。

工事現場のおっちゃん

「話してもいいって言ってる人間が見つかったぞ」

情報屋から電話を受けたのは居酒屋での会合の数日後だ。まるっきりの作り話でなかったことにまずは安堵した。

情報屋は矢継ぎ早に「AV女優を海外に送ってる人物」に、「今なら大阪で会える」と付け加えた。記者に迷っている暇はなかった、着の身着のまま、新幹線に飛び乗った。

情報屋から紹介された人物に会うべく降り立ったのは大阪の中心部。もう10月だというのに行き交う人々は半袖姿だった。ビルの谷間に張り巡らされた路地を数分歩き続けると汗だくになった。指定された場所は工事現場だった。ドリルのけたたましい音が反響している。5～6台が並んでいる工事車両の隙間からしばらく工事の様子を窺っていると、黙々と仕事をするヘルメットに作業服姿の男と目が合う。関西の人のよさそうなおっちゃん、という雰囲気の中年男だ。

何かを感じてすかさず黙礼する。すると、おっちゃんは周囲の作業員にひと声かけ、目配せで記者を人けのない高架下に導いた。

「あんたか。まぁコーヒーでも飲もや」

Nと名乗ったその男は、自販機に小銭を入れて缶コーヒーを買って手渡してくれた。ヘルメットから覗く赤黒い顔から噴き出す大量の汗を袖で拭いつつ、胸ポケットからタバコを取り出し火をつける。

「休みもないし、しんどいわ。ほんまに」

この男が何者かはさっぱりわからない。ただ情報屋から紹介された旨を伝えると、ポケットからスマホを取り出し、どこかに電話をかける。おっちゃんの手にはタバコと缶コーヒー、そこにスマホが加わって忙しい。

「おう、俺やけど。ああ、ああ、今一緒におる。まぁ大丈夫そうなあんちゃんだ。そこに行けばええんやな?」

話している相手は男のようだ。「大丈夫そう」と伝えているあたり、警察関係者や怪しい筋の人間ではないことは見抜いたのだろう。電話を切り、タバコをうまそうに吸うと、大阪市内にある、とある駅の名と、時間を記者に伝えた。

「気をつけなきゃあかんのは、この手の話は、何も知らんで動くとスジモンが出てくんで。とりあえず今から会う人間は大丈夫や。俺の知り合いやし、困ってるから助けてやってほしい言うてあるから」

恐怖こそ感じなかったが、不思議な気分だ。ウラがあるのではないだろうか？　男の特徴を聞くとにっこり笑って、工事現場に戻っていった。

「男前やな～。俺よりはな」

飛田新地の経営者

新今宮駅に着いたのは、指定された時間よりも少し前だった。駅前の通りの少し先に大阪一高いビルとして有名なあべのハルカスが望める。そのいびつな造形の建築物にくぎ付けになっていたからか、国産高級車が背後に停まっていたのに気づかなかった。

「こんにちは」

声の方向に振り向くと、運転席のウインドウを半分おろし、隙間から野球帽を被った若い男がこちらを見ていた。事前に記者の服装をおっちゃんが伝えていたのだろう。ほかにも通行人はいたのに、なんの迷いもなく声をかけてきた若い男。記者が慌てて返事をすると、「よろしくお願いします」と爽やかに挨拶を返してきた。Ｋと名乗った男はたしかに「イケメン」だった。服装や見た目からは20代後半に思えたが、30代半ばだという。話を聞くためさっそく助手席のドアをあける。後ろに誰か隠れていないかを見やる。Kひとりなのを確認して助手席に座る。

「聞きたいことがあれば何でも聞いてください」と言うKに、率直に素性を尋ねた。

「大阪の夜の街で遊んだことはありますか？　ここから近いんでクルマの中で話しながらでも良ければ行きますよ。直接見たほうがわかると思うんで」

クルマのハザードランプを消し、アクセルを踏むと、高級車は静かに走り始めた。Kは話を継いだ。

「しばらく行くと飛田新地って場所があるんですけど、そこで店をいくつか経営しています。新地ってつく場所はほかにいくつもあるんですけど、そこでも何店舗かやってます。ほかもいろいろやってるんですけど。まぁ、ずっとこの界隈で生きてます」

「飛田新地」というところは土地勘のない記者でも知っている。この男がやっているのはいわゆる女衒だ。それならカンボジアや東南アジアに〝出稼ぎ〟する女をスカウトし放題だな、と合点がいったが、話はそんなに簡単ではなかった。

Kは自身の庭ともいえる夜の街へ車を走らせ、無料パーキングに停めた。

「あまり自分はオモテ歩かんほうがいいんで、少しだけ案内しますわ」

記者の目の前に江戸時代の遊郭を再現したような世界が広がっていた。Kはここでは写真や動画の撮影が禁止であることを静かに伝えてきた。

「お兄ちゃん、こっち見て～」「どこいくん？　遊んでいき～」

両サイドには「小料理店」をうたった木造2階建てが並び、それぞれの1階の座敷部分に女の子が座っている。女の子らは着物や水着、サッカーのユニフォームなど、さまざまな衣装なのだが、どれも体のラインが強調されたデザインで、しかも胸元があらわになっている。通りを闊歩する男たちに手を振ったり、手招きをしたりしながら満面の笑顔とともに色目を向けていた。非現実的な世界に圧倒される。

どの店先にも中年の女性が座っていて、目の前を歩く男性客を誘い込もうと必死だった。こうした「小料理屋」が400メートル四方に160軒ほど連なっているのだ。横を歩くKに値段を聞いてみた。

「この地域のシステムは15分で1万1000円、20分で1万6000円、30分で2万1000円と、5分ごとに5000円が加算されていく感じですね。基本、本番というか……本番しかないです。女の子らは店先だけでなく、奥の部屋にも数人おって、客がつくかつかないかにかかわらず5分交代で軒先に座るイメージです。そうすることによって客も選択肢が増えるし、店も回転率を上げることができるんです」

相槌を打ちながら、「それにしても女の子のレベルが高いすね……」そう記者がつぶやくと、Kは笑いながら続けた。

全国から集う女たち

「比較的ルックスレベル高い女の子が全国から集まってるとは思います。風俗店だとパネル詐欺といって、修正した写真を飾ることができるじゃぁないですか。ここではそれができない。まぁ言うたら、玄関に取りつけてある強いフットライトで顔を飛ばすことしかできない。女の子はこうやって2メートルぐらいの距離から顔かたちを見られるわけ。だからシビアというか、稼げる子も限られてくるというか。それと新地の特徴かもしれないですけど、〝ホスト（狂い）の子〟はここでは通用せえへんかもしれません。言ったら生身の人間を見られるわけじゃないですか。朝までベロベロになって、次の日はヨレヨレで仕事しようとする子は客から見たらわかるんすよ。そういう子は稼げないからとやめていき、ソープとかデリヘルとかに流れちゃう傾向はありますね。ここにいる子たちは店を持ちたいとか、勉強したいとか、子どものためとか、遊ぶためのカネというよりは、夢や日々の生活に向けて、頑張ってる子が多いかなとは思うんです」

Kの説明に耳を傾けているその間も、両側の小料理店からはひっきりなしに色っぽい声が飛んでくる。

また土曜の午後6時すぎということもあってか、道行く客も多く、男たちが高揚した顔つきで品定めしている。隠し撮りをＹｏｕＴｕｂｅなどで配信された影響か、外国人も多い。韓国語や中国語を話す若い観光客らしき3人組や4人組の男たちとすれ違った。

「以前は日本人しか座敷に上がらなかったんですよ。今は日本人と外国人が半々。でも、ここは〝殿様商売〟だから、女の扱いが粗雑な黒人や、中東系とかは、来ても女の子がノーと言えば絶対に上がらせない。まぁそれは日本人にも言えますけど、女の子がそっぽを向けば座敷に上がれない。ほかの風俗、デリヘルとかに比べればラクですよ。顔見せだけで男はポンポン上がってきますから。

ソープやったらずっと絡んどかなあかんでしょ。90～120分がざらで接客も濃い。でも新地は『脱いでください』『仰向けになってください』と流れ作業のよう。キスもないから直接の粘膜接触なし。軽く乳首舐めて、ゴムかぶせてフェラしたら、ローションを塗って挿入して、イったら終わり。15分のコースでも実際に絡んでる時間は7分ほど。女の子に聞けば『ラクすぎてもうほかではできない』なんて言う。

ほかというのは海外の出稼ぎも含めている。逆に言えば客が取れるルックスじゃないと、飛田はキツいかもしれないですね。ほかの風俗ではギリギリな子も多いんですよ。まぁ、日本で稼げない子は正直海外でも稼がれへんのです。ここの子たちで店に出る子は全体で一日600人ほどいますから。その日の稼ぎが20万円っていう子もいればゼロって子もいるんです」

ちょうど海外出稼ぎの話題に移ったところでKは記者を飛田新地内の自分の店である「小料理屋」へと案内した。

「小料理屋」

Kは軒先に座ってライトを浴びている女の子と、その隣に座る呼び込みの中年女性に軽く挨拶すると、真横にある勝手口に記者を招き入れた。2階建ての古びた建物だが内部はリフォームされており、想像していたよりもずっと清潔だった。いくら取材とはいえ、飛田新地に〝潜入する〟という体験に胸が高鳴る。

玄関で靴を脱ぎ、短い廊下を進んだ先にあったのは女の子たちの待機部屋だった。ちょうど表に座っている女の子の真裏にあたるようだ。そこには台所と冷蔵庫、電子レンジなどがあり、簡単な料理なら作って食べることができる造作だ。女の子用のロッカーもあった。シャワーも付いているようで、ひとり暮らしの女性の部屋に来たような感覚に陥った。

部屋の真ん中ではふたりの女の子が座布団にちょこんと座り、ちゃぶ台を囲んでいた。どちらも目の前にライト付きの大きな鏡を置き、メイク道具を漁りながら顔を整えている最中だった。Kと記者が入ると、驚くでもなく、満面の笑みで「こんばんは～」と挨拶する。ちなみに冬はコタツを置いて寒さをしのぐとKが説明した。

ちょうどそのときだった。「交代です」という声がかかり、2人のうち1人がゆっくりとメイク道具を化粧ポーチにしまい、記者に小首をかしげて微笑むと、部屋を出ていった。Kによれば、この上の階には4つほど部屋があるそうで、1人が目下接客をしているということだ。この真上でコトが行われているのを想像すると、落ち着くことなどできない。

Kは待機部屋の横にあるドアを開けた。そこには事務所のような小部屋があり、スマホをいじっていた男性従業員を外に出すと、記者を招き入れた。事務所といっても六畳一間ほどの狭い空間に、小さなテーブルと両側にソファが向かい合わせで置かれただけの殺風景な空間だった。壁際には女の子の衣装が10着ほど掛かったハンガーラックと、小さな冷蔵庫があった。

「面接に使う程度で、狭くてすんません……」とKは詫びながら冷蔵庫からペットボトルのお茶を出して、記者の目の前に置き、ドアを閉めた。この部屋なら誰にも気兼ねなくゆっくりと話が聞けそうだ。

Kが向かいのソファに座るのを待ち、改めて本題のカンボジアの話を切り出すと、Kはお茶を含んで、一息つくと、一気にしゃべり始めた。先ほどとは打って変わって声のトーンが低くなったので記者は思わずKのほうに身を乗り出した。

詐欺集団のアジト

「実はカンボジアに女の子の派遣を頼まれて、どんなところか視察に行ったことがあるんです。そこが……あぁ、これや、見てください。写真も撮ったんで。ここはなんだと思います？」

Ｋはスマホを繰ると、指を荒々しく動かし、画面を見せた。そこに写っていたのは、ホテルの一室のようなところから窓の外を撮影したものだった。３～４階建ての建物が２棟立っていて、この奥はどうやら別の建物が建設中だった。何の変哲もない写真のようだが、よく見ると全体が塀に囲まれていた。刑務所のようにも見える。

「実はこれ、特殊詐欺やってる犯罪組織のアジトなんです。ここに日本人、韓国人、中国人が１０００人ほど集められて、ここからそれぞれの国に詐欺の電話をかけまくる。タイやフィリピンで活動できなくなった詐欺グループの連中がここに続々と集まっている。ここの規模感からして、村やね。最近では〝サギ村〟って言われているみたいやし。しかもこんなのが一つじゃなくて、似たような〝村〟がいくつもできてます。ホンマかどうかしらんけど、この村が稼ぎ出す金額が〝ウン千億〟っていう話です。

外にはガードマンもいるから、カタギの人間は中に入れない。現地のカンボジアの人はなにかの会社だと思ってるみたいやけど、オフィス内はパソコンがずらっと並んでて、iPhoneの古い型……8とか9とかがいくつもテーブルに転がってて、あちこちで詐欺の電話をかけまくってる」

スマホを繰る手を休めずにKは続ける。体育館や食堂があり、詐欺グループはそこで集団生活しながら〝仕事〟に励んでいるのだという。

「オレオレ詐欺はもう過去の話。今は株の投資詐欺が主流て言うてましたよ。記者さんのスマホにもわけわからんメールが送られてきません？　変な日本語の。あれもこのへんから送られとるみたいです」

実際記者にも連日えたいのしれないメールが届いていた。それが届かない日は一日としてなく、もはや気にも留めなくなっていたのだが。

「それで、俺に来た依頼ってのが……村で詐欺やってる連中たちの相手ができる女の子を探しているというんです。カンボジア政府をカネで巻き込んでるから村が摘発されることはない、って。日本政府も手出しできないとも言うてました。最初はホンマか？っ て信じてなかったけど、実際ああやって、堂々と詐欺をしているのを見ると、そんなも

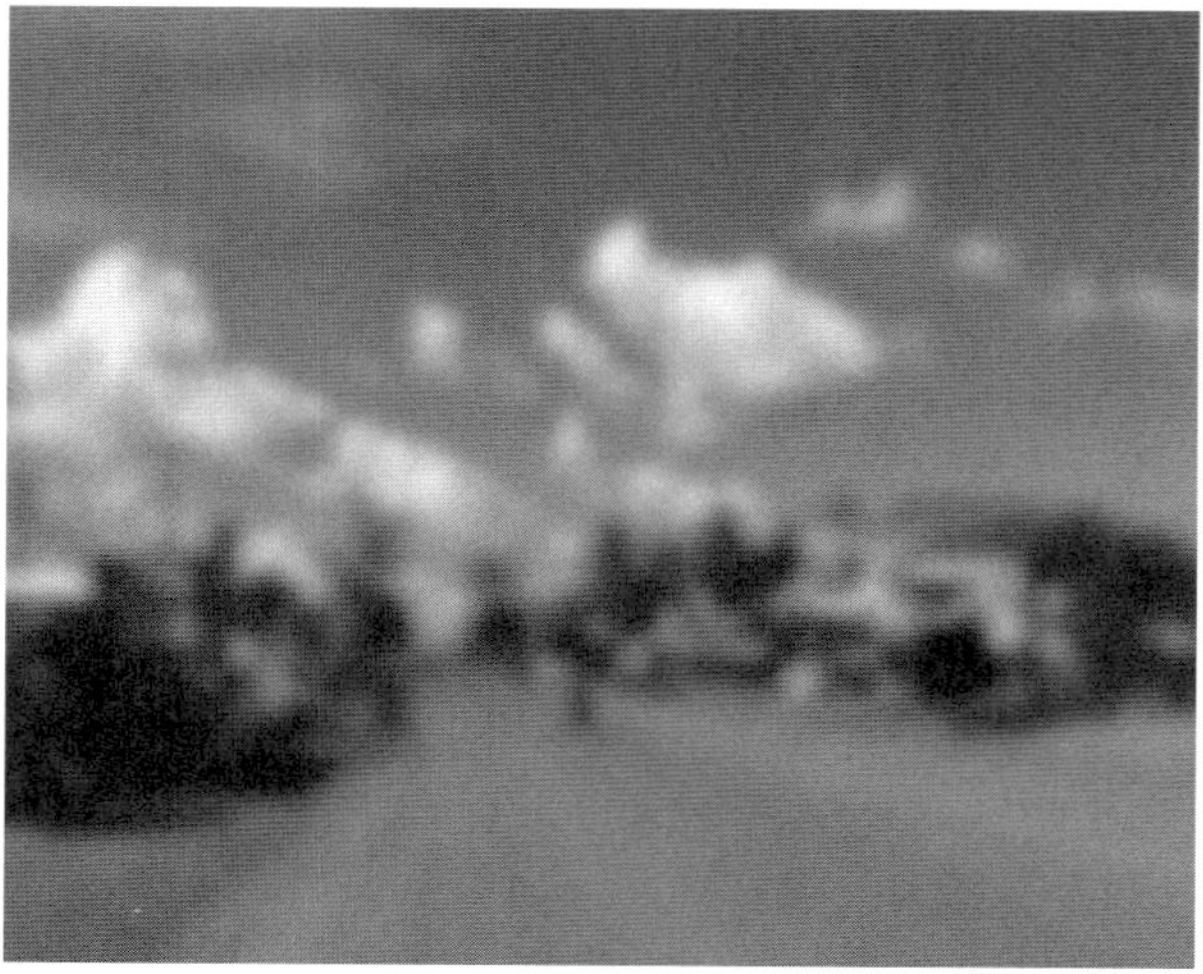

カンボジア郊外の某村。ここに特殊詐欺グループの拠点があった（画像は加工）

のかと思えてきて……この目で見た光景は強烈でしたね」

Kはさらに声を潜めると、とある地名を口にした。それはタイと国境を接するカンボジアの地方都市で、Kは実際にそこも視察に行ったという。しかし、都市の名前はそれまで聞いたことのないものだった。

「ルフィ」の慰安所

「いや、この街の名前を知ってる日本人はいないと思いますよ。観光する場所もないし、当然『地球の歩き方』にも載っていない」

Kから旅行ガイド本の名前が出てきたのには少々面食らった。が、Kがこの街に行くきっかけになったのは、フィリピンの風俗関係者からの紹介だったという。実はKはフィリピンのエージェントから頼まれてAV女優を派遣する仕事もしていた。フィリピンといえば「ルフィ事件」の拠点があった国として我々取材班にはおなじみの国だ。

「俺に話を持ってきたのは『ルフィ』の親玉たちとなんらかのつながりがある人間でしょうね。そんなの詮索してもいいことなんてなにもないから聞きはしなかったけど」

Ｋは商売人らしく、合理的な考え方を備えているようだった。需要があれば、そこに女を送ることがなぜいけないのかと口にした。稼げるのであれば女にとってもいいことで、誰も損をしないではないかと。飛田新地の経営者らしい考え方だ。しかし、このときばかりは抵抗があったと、口を歪めた。

「あの規模感。１０００人の男がいれば、客にも困らない。そう考えればかなり儲けられると一瞬思ったけど、衛生面は最悪だった。生身の女を連れていくには相当なハードルがあると踏んで、やんわりと断りましたわ」

１時間３万円で相手を取れば一日10人で日に30万円、月に１０００万円近くのシノギになると当初は目論んだという。女に７割預けてもＫには毎月３００万円が残る計算だ。

「ただね、ホテルでメシを出してもらうじゃないですか？　ほぼ中華だったんやけど、べちゃべちゃで、チャーハンなんて、油食ってるようなもんでした。部屋にはよくわからない虫がウジャウジャ入ってくるし、蛇口をひねっても水は濁っている。

要はかけ子の連中の〝息抜き〟が欲しいっていうことなんだろうけど、働く側の女の子にも息抜きは必要なんですよ。ひと月こんなところで働くなら、ギャラが少々安くても、きらびやかな都会や、海のそばの風光明媚なところで２か月働いてもらったほうが、結局は儲かるんですわ」

　特殊詐欺グループが心置きなく詐欺にまい進できるようにと、配下の人間に娯楽を提供するため、日本から風俗嬢を連れてくる――。

　身も蓋もない世界だと、記者は天を仰いだ。

松島新地へ

　ひと通り話を終えると、Ｋは記者をクルマでホテルまで送ってくれるという。

「このあと少し仕事がありますけど、よかったら今日飲みにいきませんか？」

　女衒として、カンボジアに女を派遣することを思いとどまったＫには、どこか人情を感じさせるものがあった。風俗業界で成功する男のなせる業だろう。この男にもう少し話を聞きたいと思った。Ｋの高級車はほとんど揺れを感じさせない心地よさだったが、Ｋがポツリと呟いた言葉に目をつむった。

「自分は女の子を送らなかったけど、あそこで働いている女を実際に見ましたよ。タイ人、カンボジア人がメインでしたけど、中国人、韓国人、そして日本人も……」

Ｋは飛田新地と知名度で双璧をなす、松島新地方面にハンドルを切った。松島新地に着くと、飛田新地よりはずいぶんこぢんまりとした建物群の間を、人が歩くほどの速度で流した。

「僕らが生まれる前は『新地といえば松島』みたいな場所だったんですけどね……」

そこに広がる光景は飛田新地のそれと同じだったが、歩く客はまばらだった。飛田と同様に女の子が座り、呼び込みする中年女性がいるが、明らかに活気は感じられなかった。

「これでやっていけるの？」とＫに尋ねたが、鼻で笑われた。

「『新地』とつく場所は以前は関西にたくさんありました。飛田、松島、今里、滝井、信太山……。今、この松島はギリギリ存続しているけど、ほかの新地は廃れていく一方で。僕もここに店を持ってましたけど、儲からないんで人に譲りました。果たして松島もいつまでもつか。ここで働いている子は飛田じゃ通用しない子なんです」

賛否あるだろうが、性風俗という産業は女性にとってセーフティネットの役割を果たしてきた側面も否定できない。ラクして稼ぎたいと風俗に流れる人もいれば、もがきあがいても生活できず、糊口をしのぐ最後のよすがともなる。世界最古の職業と言われるゆえんもそこにある。
カンボジアでカラダを売っている女たちは果たしてどちらなのか――。

サギ村で働いていた女

Kと会った数週間後、カンボジアで働いたことがあるという女性との接触に成功した。巷で薄いコーヒーしか出てこないと言われる池袋の喫茶店で落ち合った。店はこのご時世、タバコを席で吸えることが唯一の売りといったような雑然とした空間で、中年サラリーマンの溜まり場となっている。客の目当てはコーヒーよりもタバコ。みな、紫煙をくゆらせながら、物思いにふけっているように見える。

記者が入店すると、すぐに目当ての女性を見つけることができた。女性客はひとりしかいなかったからだ。

女性はピンク色のフリルがついたスカートに、白いカーディガンを羽織っている。そして、今から小旅行をするのではないかと思える大きなボストンバッグを隣の席に置いていた。

池袋のチャイデリで働いているという日本人風俗嬢のレイラ（30代後半）だった。ぱっと見、大柄な印象だった。

レイラの前に置かれたアイスコーヒーはすでに飲み干され、テーブルに置かれた灰皿には紙巻きたばこと電子タバコの吸い殻がそれぞれ数本、きれいに並べられている。

「誰か先にいたの？」その灰皿に目線を向けて質問すると、

「私はタバコを交互に吸うんですよ」と言い電子タバコのアイコスと、紙巻きたばこの赤いマルボロを見せてきた。なぜそんなタバコの吸い方をするのか、いささか疑問には思ったものの、早く本題に入りたかったのでやめておいた。

レイラが働く「チャイデリ」とは中国人が経営する無許可の風俗店で、主な客は訪日中国人観光客だ。店は池袋のマンションの一室で開いていることが多く、正規の風俗店

取材に応じてくれたレイラ

で稼げなくなった風俗嬢が流れ着く場として、その筋では知られている。

主な集客は中国のSNSで行われていて、値段は一回約1万円。レイラは1人を相手にすると5000円がもらえる契約なのだという。

昼職（昼間の仕事）で働いた経験のないレイラは、20歳になる前からソープやデリヘルで働き、時には立ちんぼとして糊口をしのいでいて、四十路を前にチャイデリへと流れ着いたのだという。もはや失うものがないと思っていた彼女に、チャイデリの経営者がある提案をしたという。

それはカンボジアに行って客をとる、というものだった。

「2024年の初めです、カンボジアに行ったのは」

レイラは記者の問いに躊躇なく答える。

「コロナの頃、日本に中国人観光客が全く来なくなって、稼げなかったときにオーナーさんに『今、タイなら稼げるよ』って言われて、タイに渡って売春してたことがあるんです。そのとき暮らしていた宿の支配人が声をかけてきたんです。『カンボジアに行けばタイの倍は稼げる』と……」

レイラがカンボジアの首都プノンペンの空港に着くと、クルマが待っていた。言われるがままに乗り込んだので、どの街だったか記憶はないという。しかし、移動時間などを鑑みると、レイラが派遣されたカンボジアの街は、Kが見たところとは違う街のようだ。

カンボジアの〝サギ村〟は各地に存在しているのだろうか。

20年及ぶ風俗嬢としての生活がそうさせるのか、レイラは実にあっけらかんと過去の売春体験を話しだした。

「2週間で100万円は堅い」

「誘い文句？　ただ、日本より稼げると言われて、それだけ。稼げるならいいかって」

最近のレイラのチャイデリでの客は一日5人程度、週に10万円ほどは稼いでいるという。単純計算で、月給40万円。ひとり暮らしの女性が生活するには困らない額だと思ったが、生活費以外にカネを使う理由があった。それはホスト通いだ。

「チャイデリのオーナーには『2週間で100万円は堅いよ』って言われて。観光気分で行ってきなよ、と。それだけ稼げたら、ホストでも担当にいい顔できるかなと思ってました」

海外に行ってまで稼いだそのカネで、この生活を抜け出そうという発想はレイラにはなかった。抜け出す術も、知恵も持ち合わせていないのかもしれない。チャイデリである程度の稼ぎはあるレイラだが、もうすぐ40歳だ。ここでも稼げなくなったらどうするのか、どう生きていくのか。記者は疑問を感じながらも、本題に入る。カンボジアにある特殊詐欺の拠点を見たか。そこで働いている男たちの村を知っているかと。

「えぇ、見ましたよ。私が〝接触した〟男たちはＩＴの技術者とか適当なこと言ってたけれど、腕や背中は入れ墨、顔は日焼けで真っ黒で話し方もオラオラ系。明らかにカタギじゃなくて。まぁ、私と同じ雰囲気なんじゃないかな（笑）」

レイラが派遣された〝村〟は幹線道路から少し離れたところにあった。畑の脇に掘っ立て小屋のような建物がいくつも並んでいて、そこにレイラを含めた女がそれぞれ一棟をあてがわれ、生活していたという。

夕方になると、マイクロバスに乗せられた男たちが大挙してやってきた。そして、それぞれの小屋の前に列をなす。男たちは、日本人と中国人が主だった。たまに韓国人やタイ人の男がいた。料金は全て後払い、一回につき1万５０００円という約束だった。

一方で客がいくら払っているかは知らなかった。

「客に聞けば教えてくれると思うけど、興味がなかったからとくに聞かなかった」

レイラは毎日何人の客を取っていたのか、その報告をタイの支配人にＬＩＮＥですることのみを義務付けられた。そもそも働き始める前に、仕事の流れを誰かに説明されたこともなかった。適当に会話し、風呂で男の体を洗い、ベッドの上で自分のカラダを弄ばせる。30分ほどでひと仕事が終わった。コトが済んだ男を送り出すと、次の男が入ってくる。とくにトラブルがあったわけではなかったので、それを繰り返した。

ただレイラは言葉が通じない日本人以外の客にはとくに丁寧に体を洗ってやり、スマホの翻訳ソフトを使って愛想よく会話した。それは、リピーターになってほしいとか、商売っ気からくる打算的な行動ではなかった。

「同じ金額をもらってるのに、10分、20分で終わってしまうのは申し訳ないと思ったから」

結局レイラは2週間の滞在で、一日5～6人ほどを相手にしたという。稼ぎはタイで仕事をしていたときと同じ、日本に帰ってからの現金払いだった。

ギャラはレイラが働くチャイデリのオーナーから渡された。日本円で１００万円を少し超える金額を手にした。

「女の子で日本人はあたし一人だったから、グチを言い合ったり、とにかく話ができなかったのはつらかったかなぁ。あとは足（移動手段）がないから結局どこにも行けない。毎日昼ごろに現地の人が食料や水、タオルなんかを持ってきてくれるんだけど、スマホの翻訳アプリを使ってアイスとかお菓子を頼んでも、まったく伝わらないのはキツかった。本当に伝わらなかったのか、めんどくさいから知らんぷりをしていただけなのかは知らないけれど」

「売れない風俗嬢のなれの果て」

記者の問いに、つらい、キツい、しんどいを連発していたレイラだが、また機会があれば行くか？　と聞くと、間髪入れずに答えた。

「行くよ、決まっててんじゃない」

日本ではそれが風俗だとしても、四十路の女が2週間で100万円を稼ぐことが難しいことは重々わかっている。ラクに稼ぎたいし、ホストの前で少しはいい顔をしたい。そのためにはカンボジアの言葉も通じない、この世の果てのようなところに行くのも構わないと、レイラは能面のような表情で語った。

レイラは記者に話をする条件として「チャイデリと同じ金額を払ってほしい」と言った。しかしその額は5000円。てっきり客が店に支払う額の1万円だと思っていたから拍子抜けした。

カネにがめつい女ならもっとふっかけてきそうなものなのに……記者はあらかじめ封筒に入れておいた1万円を渡した。レイラは中を確認し、少し驚いた表情をみせたが、にっこり微笑んでバッグにしまった。

レイラの笑みを見てKとクルマで松島新地を通った時のことを思い出した。華やかだったはずのあの街にもはや往時の面影はない。客を引く女の目の前を通るのはクルマだけだった。レイラと同年齢の女がクルマに向かって一生懸命に手を振っていた。

「売れない風俗嬢のなれの果て。それでも稼げないよりはマシ」

レイラが取材中につぶやいた言葉がリフレインしていた。

第7章 台湾・シンガポール

——警視庁保安課の警察官と女子大生ツムギの証言

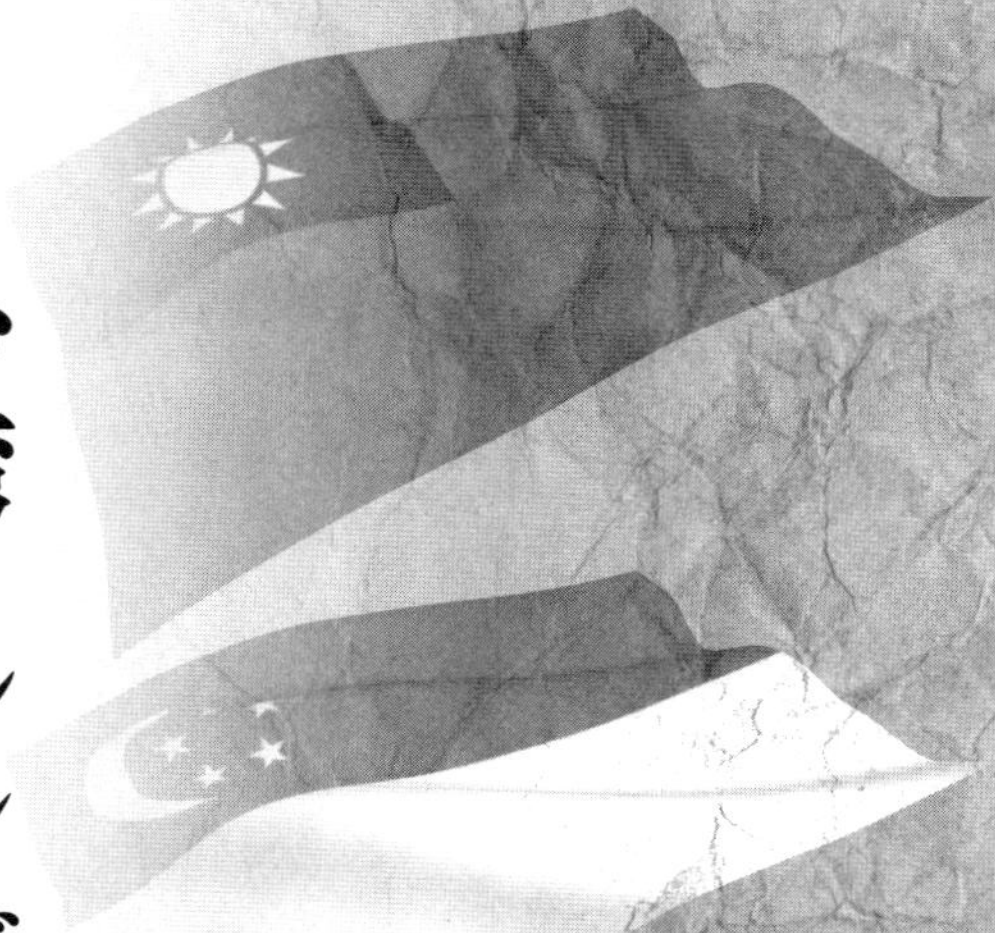

警視庁保安課の警察官

２０２４年8月、東京・日本橋。

観光客やビジネスマンでごった返す中心部から少し歩くと、先ほどまでの喧騒がウソのような静寂が広がる一角が現れる。指定されたのはそんな場所にあるレトロな喫茶店だった。「古めかしい」という形容は間違いないのだが、不思議と街の歴史的情緒にマッチした居心地の良さそうな店だった。

アポイントが取れ、これから会うのは警視庁生活安全部保安課のある警察官だ。

保安課とはなかなか聞き慣れない部署であるが、違法風俗店や売春などの取り締まりを担当し、実は第4章で取り上げた「海外出稼ぎシャルム」を摘発した部署でもある。つまり、今回の「海外売春」を取材するうえで記者が最も〝欲しい〟情報が集まっているところでもあった。

これまで記者は主に事件取材をライフワークとしてきた。そして、そこで向き合うのはもっぱら刑事部の警察官たちだ。とくに、殺人や強盗といった重大犯罪を扱う捜査一課など、いわゆる「花形」と呼ばれる部署である。刑事部に属する警察官たちはどこか特別な輝きを放っている。自分たちが町の治安を守っているのだという自負を隠そうとはしないのだ。そして、それを裏付けるかのように、彼らがこなしている膨大な仕事量と日々のプレッシャーを目の当たりにしてきた。

その日、喫茶店で会った生活安全部保安課の警察官も、そんな刑事部の人々のような警察官だなというのが第一印象だった。年齢は40歳前後、半袖のワイシャツから健康的に日焼けした腕がのぞいている。鋭い眼光を放っているが、それは悪事を取り締まる者の特有の目つきといってもいい。

実は保安課は、「風俗店の監視・監督」という役割を担っているため、風俗店とはある種のつき合いがある。取り締まる側と取り締まられる側という立場であり、両者の関係は微妙で複雑なはずだが、実際には、定期的な見回りのなかで〝一定の信頼関係〟が育まれている。

見回りの目的は単なる〝アラ探し〟にとどまらない。それ以上に重要なのは、違法風俗店や悪質なホストクラブに関する情報を収集すること。つまり風俗店のオーナーや店長を〝ネタ元〟にしてより大きな事件に繋がる情報を得ようとしているのだ。

内側のトラブル、外側のトラブル

実は記者も旧知の風俗店関係者から目の前の警察官を紹介してもらった。初対面で一介の記者でしかない自分に、個別の事例や具体的な捜査情報を教えてもらえるとはつゆほども考えていない。ただ、情報が集まる最前線にいる警察官の肌感覚が知りたく、こんな質問を投げかけた。

「私たちの取材では海外出稼ぎ、いわば海外で相当な数の日本人女性が売春を行っているという事実を摑んでいますが、トラブルの報告とか、そういった女性からの相談は集まってきていますか？『出稼ぎシャルム事件』のときには、日本人女性がひとりでアメリカ合衆国に渡航しようとすると、売春婦とみなされ入国拒否される事例が相次いでいると話題になりましたけど、海外出稼ぎ女性たちはもっと深刻な問題に直面しているのではないかと思ったんです。そのへんはどのような感想をお持ちですか？」

警察官はコーヒーを口にすることなくじっと耳を傾けていた。しばらくすると、少しドスの利いた口調で話しはじめた。

「自分は出稼ぎシャルムの摘発にはかかわっていないので、あの事件のことはよくわからないんですが……」

　そこまで言うと、コーヒーをすすった。

「記者さんが知りたいのは内側でのトラブルですか、外側でのトラブルですか？」

「……内側、外側というのは？」

「つまり女性の国内でのトラブル、スカウト等とのトラブルなのか、海外に渡ったあとの店や客とのトラブルですか？」

　記者が想定していたのは「外側でのトラブル」だった。ただ、そう逆に質問されると、想定以外の〝面白い話〟が聞けるのでは、と記者魂に火がつく。

「どちらもです。もしそういったトラブルを把握しているのであれば、注意喚起のためにも原稿に書きたいと思っています」

　前のめりに答えると、警察官はかすかに困惑の表情を浮かべた。どこまで話していいのか思案しているようにも思えた。無言の時間が流れる。警察官は突然聞いてきた。

「Aさんとの関係は長いんですか？」

　Aとはこの警察官を紹介してくれた風俗関係者だった。警察官にとっては記者のような者と話すことにメリットを見いだしてはいない。おそらくAから紹介された記者と会って「貸し」を作ることで、Aからどんな情報を引き出そうかと考えを巡らせているように感じたので、記者はAとの関係を語った。Aに迷惑にならない程度に「盛って」はみたが。

記者とAの「武勇伝」を聞いている間も、その警察官は表情ひとつ崩すことはなかった。時折コーヒーを口に運ぶとき以外は背筋をピンと伸ばしていた。しかし、どこかで琴線に触れたのだろう。記者の話をひと通り聞くと、警察官を取材するときのお約束といっていいフレーズが飛び出した。

「これはあくまでも一般論として聞いてください」

このあと、想像した以上の話が警察官の口から発せられた。

ホストと海外売春

「トラブルの報告は相当な数が上がってきていますが、いちばん多いのは『海外で売春されるように強要された』というもの。これはほとんどがホストに対してですね。〝ツケ〟が禁止になってからも、変わらず相談があります」

警察官の言う「ツケ」とは2024年に社会問題化したホストクラブでの「売り掛け」のことだ。ホストクラブでは、一回の来店で客の支払いが数十万円から数百万円に及ぶことも珍しくない。そのため常連客に対しては、担当ホストの判断で後払いを認めるツケ払いが横行していたのだ。しかし、これは店に対する借金かというと厳密には異なる。ホストクラブでのホストの取り分は、客が店に払ったうちの50％というのが一般的だ。その際、ツケ払いを認めると、ホストは店に利益として計上されるはずの額の50％を支払うのだ。つまり客の「ツケ」は実質的にはホストへの借金になるのだ。

この「ツケ」が横行した結果、身の丈に合わない多額の借金を背負わされる若い女性が相次いだ。ホストは若い女性の懐具合を知って飲ませ、「ツケ」を負わせる。膨らんだツケの額は膨大になる。女の側はホストに言われるがままの返済方法を取らざるを得なくなる。多くは借金のカタに風俗に〝沈む〟のだ。

こうした事象が明らかになると、歌舞伎町近くの公園に若い女性が「立ちんぼ」をしたりして、公序良俗に反すると国会でも議論となった。そしてホストへの批判が相次ぐようになった。当のホストクラブ側も段階的にだが、「ツケ」そのものをやめるよう追い込まれる。

売り掛け制度廃止の影響

取材した2024年の夏時点で歌舞伎町においては「ツケ」は存在していないはずだ。というのも、4月に新宿区とホストクラブの経営者側が話し合い、「ツケの禁止」＝「売り掛け制度廃止」を決定したからだ。

「ツケが禁止になっても、立て替え金といってホスト個人に対する借金、さらに前入金と言って太客には先に高額を店に入れさせる行為が横行している。結局かたちを変えただけで、女を借金漬けにするホストは減らない。そもそもホストがそういう場所だから当たり前だけど。結局、女の子は風俗に行かされる。さらには海外に飛ばされる。実はそういう子から〝騙されて〟海外で売春させられたという相談は多い。これは世間が思っている以上に多いんです」

カネでしか成立しないホストと客の〝恋愛〟。ホストを思って海を渡ったとしても、なにかの拍子に翻意し、警察に駆け込むことは十分理解できる。

「そういった場合はホスト逮捕に向けて捜査はするんですか？」

記者が思わず口にすると、言われなくてもやってるよ。そう言いたげに警察官はじろりと視線を向けた。

「ツケを払わせる目的などで売春をさせたり、海外の売春宿に行かせるのは売春防止法違反です。ただ、証拠がない。というか残さないようにやっている。相談に来た子にホストとのLINEを開示させても、そんなやりとりは一切残っていないんです。ホストの側も自分たちで直接女の子を海外に送っているわけではなく、スカウトやエージェントを介している。結局、ホストに行く（検挙する）までは相当なハードルがあるんです。ホスト側だって、逮捕されないようにうまくやっているんですよ」

　果たして、犯罪行為を認知していても証拠不十分で、検挙すらできないという法治国家のジレンマにハマった警察側の思いはいかなるものか。

「あとは持ち逃げですね。これも多い。最近、Xやインスタグラムでエージェントたちが海外出稼ぎのスカウトをやっているのはご存知ですよね？　海外出稼ぎの場合、報酬はその場で渡されるのではなく、なんらかの形で日本に送金されることが多い。税関で大金が見つかったら没収ですからね。

　日本でカネを受け取るのは普通はエージェントとなります。エージェントはそこから自分たちの取り分を引き、帰国した女の子に報酬を払う。しかし、カネを海外から受け取るとそのまま〝飛ぶ〟エージェントがいるんです。要は持ち逃げですね。今や面接や打ち合わせもせず、SNSのやり取りだけで海外に行く子もいるから、こうなってしまったらお手上げなんです。エージェントにも真っ当なやつがいるのかは知らないけれど、とんでもない連中だと思いますね」

警察官は悪事を働いている人間の話になると口が滑らかになった。彼らが本来内包している正義感なのだろう。

「実際に面接をし、研修をするなどといって、女の子のカラダを弄ぶ輩もいる。裸や行為中の写真を無断で何枚も撮ったあげくドロン。これは不同意性交罪ですよ」

現場の人間の話は実に生々しい。ただ不思議と被害女性への同情心は湧いてこない。それを食い物にする輩は許せないが。

「不法労働者を送り込む厄介な国」

「海外に渡航してからのトラブルも多く報告されています。いちばん多いのは入国のとき。エージェントは『売春婦に見られないよう、できるだけ質素な格好をしていくように』とか、『SNSのアカウントや、やりとりは消してから行くように』と入国指南もしている。

でも、そんなことはSNSを見れば書いてあるでしょう。SNSに書いてあることを入管当局が知らないはずがない。

とくにアメリカは今、本当に入国が厳しいんです。マニュアル的な聴取だけでなく、例えば2度目の渡航なら最初はどこで何をやっていたかをとことん聞かれる。最初の渡航であっても、ホテルの予約メールをすべて見せるよう言われる。もし少しでも疑いがあれば入国は許されない。そもそも入国理由を『観光』と偽っている以上、文句は言えないはずですよね」

こうした入国の厳格化は一般の日本人にも影響を及ぼしている。SNSを見れば女性ひとりで入国の際、何時間も軟禁されたという書き込みが多くみられる。日本はもはや「不法労働者を送り込む厄介な国」と捉えられているのだ。

「これはまだ報道されてはいないけれど、アメリカは過去にアメリカ国内で売春に従事した日本人を摘発しようとしている。アメリカで摘発されたブローカーなどの携帯に情報が残っていたとしたら、次に渡航しようとした際には確実に逮捕されるでしょう。そして一度でも逮捕されたり、入国を禁止されたら、死ぬまでアメリカには入国できなくなる。日本みたいな島国と違い、欧米においては『国境を守る』という意識は格段に高い。近い将来、日本人がイミグレーションでバンバン逮捕される可能性もあるんですよ」

努めて無表情を貫いているが、恐ろしい話である。こういう現実があることをいち警察官としてどう思うのか。あえて聞いてみた。

「女の子から相談を受けたりして、何か思うことありますか?」

警察官はその質問にしばし沈黙した。スピーカーからはかすかにジャズが聞こえている。警察官が沈黙を破るまで、一曲まるまる聴いた感覚に陥った。

「年端のいかない女の子が売春させられている」

「記者さんは『騙された側の女の子』の話を聞いて、正直、自業自得だって思ったんじゃないですか?」

図星だ。享楽にはリスクを伴う。遊び方をわきまえないほうが悪いと思っていた。

「でも、やはりそういう女の子と対峙すると、『気の毒だな』って思いますよ。相談にくるのは年端のいかない少女が圧倒的に多い。大人として、人生経験があるなら、警察にはなかなかこられないでしょう。自分にもどこか後ろめたさがある。それでも騙されたって警察に泣きつく子。それぐらい精神的に幼い子、年端のいかない少女が海外で売春をさせられているんですよ。その現実は非常に重いと思っています」

警察官は、持論を述べると「取材、頑張ってください」と記者の目を見た。長い記者人生で警察官からエールを送られるとは。正直困惑する。記者稼業は警察から疎まれる存在でしかないと思っていたからだ。

警察官は去り際に、自分のコーヒー代を10円の過不足もなくテーブルに置くと席を立った。さすがに外に出て警察官と並んで歩くことはできないので、こちらも「少し仕事をしてから帰ります」と伝え、深々と頭を下げた。

「年端のいかない女の子が売春させられている」。ひとり残された喫茶店で警察官の言葉がリフレインした。

ふと頭に浮かんだのは今から20年前。記者が大学生のころ、アルバイトで貯めた小金を握りしめ、アジアのあちらこちらを旅していたときのことだ。

タイのチェンマイで、50代の日本人男性3人組に出会った。3人は旅行中で、日本では名の知れた一流企業に勤めていると自慢げに語っていた。異国で出会った20歳そこそこの若者をこの3人は気に入ってくれた。豪華な食事をごちそうになるなど、貧乏バックパッカーはそんな旅の出会いに感謝したものだった。何日か行動をともにしたのだが、ある日の夜、そのなかのひとりがこんなことを言いだした。

「今から女を買いにいくけど、一緒に行くか?」

当時、日本人が東南アジアで『買春ツアーを行っている』という話は聞いていた。単純に興味があった記者は3人にノコノコとついていった。

東南アジアの買春ツアーの記憶

そこで見たのはおぞましい光景だった。かろうじて電気が通っている貧しい農村で、10人ほどの少女が小さな集会場のようなところに集められていた。化粧っ気などまるでない、着飾っているわけでもない。10代半ばと説明されたが、栄養状態がよくないのかとにかくやせ細っていて小さい。そして彼女たちは怯えた表情で座っていた。日本人のひとりが説明した。「生活のために親公認で売春をさせられているんだよ」と。

さらに男が言うことには、処女のみが集められている村もあるという。「そういうところは値段がちょっと高めなんだよね」と説明されたが、当時の日本円でせいぜい2万円ほど。目の前の少女たちは「7000〜8000円」と言っていた。

異様な世界だった。記者は3人の「おごるよ」という申し出を初めて断った。「真面目な学生さん」「社会勉強になるのに」とのちのち笑いの種にされたのだが、この時に覚えた感情は鮮明に覚えている。怒りを覚え、少女たちの目を直視できなかった。

当然、生活のためにカラダを売ることを強いられる未成年と、自らの借金のために「騙されて」カラダを売る少女を同等に論じることができないのは重々承知だ。

しかし「騙されて売春させられた」と訴える「年端もいかない少女たち」に会って、話を聞いてみたいという気持ちにもさせられたのも事実だ。

相談室

関東地方某市の市街地にある雑居ビルの一室。

「相談室」と書かれた小さな部屋に、職員に伴われて少女が入ってきたときには「子どもだ……」というつぶやきが漏れそうになった。

ここは、風俗への就業相談、悪質ホスト問題、女性の人権に関わるあらゆる問題への相談を受け付けているNPO法人だ。

実は、海外出稼ぎ問題についての相談は、警察にだけ寄せられているのではない。こうした民間の相談機関が各地に存在し、相談を受け付けている。大々的にそうした看板を掲げているわけではないが、昨今こうした相談が多く、さすがに無下にはできず、なし崩し的に身の上相談を受け付けるようになった、という機関も多い。

記者は先の警察官から話を聞いた後、そうした各地の相談機関に実情を窺うべく、電話取材を試みた。すると驚くほど多くの機関から「海外出稼ぎに関する若い女性からの相談がある」という回答を得た。ただ、こちらが前のめりになればなるほど「プライバシーの問題で内容は明かせない」と言われ、それ以上は取材が進まなかった。

しかし——記者が実際にアポイントを取って訪れたとある機関のみ骨を折ってくれた。プライバシーを最大限に守るという条件付きだったが、相談に訪れた本人に直接取材ができるようセッティングしてくれた。

19歳の女子大生

紹介された女性を仮にツムギと呼ぶ。19歳の大学生だと職員から明かされた。

ツムギは終始俯うつむきながら、そして小さな声でとつとつと話した。緊張しているためなのか、生まれつきなのかは判断がつかなかった。

ツムギがこれまで出稼ぎに行った国は2か国。台湾とシンガポールだと打ち明けた。この時点で本書のための海外出稼ぎの取材を始めて半年ほどが経過していた。すでに多くの女性から壮絶な実体験を聞き、ある種の免疫があったはずだが、少女の口から「売春」「出稼ぎ」などの単語が出てくると、異様な世界に入り込んだ錯覚に陥った。繰り返しになるが、ツムギの容姿はそれほど「幼い」のだ。

身長は150センチほど。近ごろの女の子としてはかなり小柄な部類に入るだろう。髪型は肩までのストレート。黒髪である。

ファストファッションと思われるシンプルな白シャツに、茶のチノパン。化粧っ気はほとんどなく、眉毛を描いているのみである。もちろんマニュキュアの類いはつけていない。垢抜けない地方の真面目な高校生だといっても誰も疑わないだろう。

記者は怖がらせないようにゆっくりと、穏やかに質問することにした。

「台湾とシンガポールにいたそうですが、これらの国にいた理由はなんですか？」

ツムギはためらうような表情を見せ、小さな声でこう答えた。

「……借金です」

「ホスト、とかではないですよね？」

口にしたあと、ずいぶんとぶしつけな質問をしたものだと後悔したが、ツムギはまったく表情を変えなかった。

「いや、学費です」

ガクヒ？　瞬時に「学費」を認識できなかったのは、これまでの取材では一度も「学費のために海外に渡り売春をした」という話を聞かなかったからかもしれない。

学費稼ぎのアルバイト

ツムギが記者に語った半生をここに記したい。

北関東の中核市で生まれたツムギは母親と４歳年下の妹との３人家族。父親は小学校に入る前に家を出ていったという。両親の間に何があったのかは定かでないというが、離婚した後も母親は父親のことを口汚く罵っていたので「それなりのことがあったのでは」と淡々と語っている。

ツムギは父親が嫌いではなかった。2か月に一回程度、父親と遊びにいくことを許されていたのだ。公園や遊園地で思いきり遊び、帰りにファミレスで好きなものを食べさせてもらった。幼いながらに至福の時だと思っていた。次に会える日を毎晩、布団の中で指折り数えていた。

しかし数年後、その至福の時は突如奪われる。介護施設で働き始めていた母親はツムギと妹が父親のもとから帰った日には、姉妹を冷たくあしらうようになったのだ。それは回を重ねるごとにあからさまになっていった。

ある日、ツムギは妹と話し合いをした。「もう父親に会うのはやめよう」と。

妹は、姉のその言葉を聞いて大泣きしたと言うが、幼い姉妹がこのあと生きていくために取った「処世術」だった。

「もしかしたら、そのころから人の顔色を窺って生きるようになったのかもしれません」

ツムギは、なにか人生の選択肢に直面したときは、母親の顔色次第で道を選ぶ、という生き方に変わっていった。中学に入ったときには仲の良かった友達とテニス部に入りたかったが、用具や遠征費など「なにかとお金がかかりそう」という母親のひと言で、楽器は貸与されて経済的負担が少ない吹奏楽部に変えた。高校進学も同様だった。本心では電車で通学する市外の進学校を目指したかったが、自転車で通える平凡な地元の高校を選んだ。娘たちの留守を嫌う母親の顔色を窺ったのだ。

「こういう話をすると、母親が毒親って思われるかもしれないですけど、そんなことはないんです。当然育ててもらった感謝もありますし、親子仲が悪いわけでもないんです」

ツムギはそう弁解するものの、関係は決して正常とは思えなかった。

母親の顔色を窺い進んだ高校とはいえ、楽しく過ごしたという。〝人並みに恋愛〟もして、将来の目標とも言えるものを見つけた。それは海外で働くということだった。

「きっかけはあまり覚えていないんですけど、もしかしたら英語が得意だったとか、そんな理由です。海外の人のSNSを見ると、そこには知らない世界が広がっていて。違う世界を見たいという気持ちが強くなりました」

アメリカやイギリス、英語圏の人のSNSに夢中になった。有名人ではなかったが、そこで広がっている自由闊達な世界は、ツムギのいる日常とはかけ離れて見えた。

このころツムギは母親の夜勤の日、中学生の妹の世話を任されていたのである。世話といっても夕飯を作って食べさせ、翌日は朝ごはんを用意して一緒に家を出るだけではあったが、いつしか大きな負担になっていった。

ツムギは高校3年生になっていた。このころ初めて母親と対立したことがあった。大学進学についてだった。ツムギは東京の英語や国際関係を学べると評判の大学に進学することを夢見ていた。ツムギが通っている高校からは少々〝背伸び〟と思われるほどの有名私大だった。

母親は案の定ツムギの上京に難色を示した。

「今、出て行かれたら、妹の世話はどうするの？　学費は？」

ただ、このときばかりは、ツムギは自分を貫いた。

「学費は奨学金、その他はアルバイトをして自分でなんとかする、実家から通うから安心して」と話してなんとか納得してもらった。

ツムギは予備校に通うこともなく、予備校に通う友人の参考書をコピーして勉強するなどして、見事難関私大に合格した。これでツムギはある程度の「自由」を摑んだはずだった。このときばかりは、母親もご馳走を用意して、祝福してくれたのはうれしかった。

だが、覚悟していたとはいえ、憧れの学生生活はバラ色ではなかった。

実家から大学まで電車で2時間以上かかった。朝6時に家を出る。勉強を終えて地元のターミナル駅に帰ってくるのは夜の8時を回った。そしてターミナル駅近くで見つけた居酒屋でアルバイトし、午前1時すぎに帰宅。一日のアルバイト代は5000円程度、週に5日入っても10万円には遠く及ばない。教材費や定期代、さらには携帯代などを払うと手元にお金はほとんど残らなかった。

サークル活動や同級生同士の飲み会など、数えるほどしか行ったことがないとツムギは言った。キャンパス生活を謳歌するのにはほど遠い「苦学生」だった。

さらに――ツムギの肩に重くのしかかろうとしていたのは、毎年100万円の「奨学金」という名の「借金」だった。

それでもツムギは、不満を口にするでもなく、自らを律するように黙々と学生生活を送った。母親にわがままを言って大学に進学したという、ある種の負い目があったのだ。

シングルマザーとの出会い

そんな日々を、そしてツムギの未来を変える出会いがあった。アルバイト先でのことだった。アルバイト仲間から「トモさん」と呼ばれていた20代後半の女性だった。10代の学生が多いアルバイトの中では年齢は高く、みんなのお姉さん的な存在だった。

細身で美人、ギャルっぽい雰囲気のトモさん。ツムギの第一印象は「自分とは何となく世界が違う人」といったものだったが、ツムギはトモさんと話すのが好きだった。

どこか姉御肌を感じさせるトモさんは、ツムギにざっくばらんに自分の過去を語った。

「若くして男に騙され、シングルマザーになった。そして夜の街で働き始めたけど、コロナで閉店しちゃって。で、ここに流れ着いたの」

どこか人ごとのように自らを語る、その姿にツムギは惹かれた。休み時間には、トモさんに近づき、キャバクラ時代の話などを聞かせてもらった。自分とは無縁だと思いつつも、自分もそんな給料のいいところで働いてみたいなとも感じた。ただ、トモさんのように美人でもない自分がそんなところにいる姿は想像すらつかなかった。

トモさんもどういうわけかツムギのことを気にかけていた。ワイワイと群れて奔放な学生と違い、将来への展望をきっちり見据えている苦学生のツムギをほっておけなかった。幼な子を抱えるシングルマザーだったからかもしれない。

アルバイトを始めて半年ほどがたった2023年10月末、トモさんはいつものように、しかしあっけらかんとこんなことをツムギに向かって話した。

「実は台湾に金持ちの男がいて、ひと晩すごすと結構なカネをもらえるんだけど一緒に行く？」

ツムギはトモさんが一体何を言っているのか理解できなかった。ただ、憧れの海外、そして信頼するトモさん、話を聞いてみることにした。

「バイトが終わったら詳しく教えてください」

シングルマザーの誘い

「実は、キャバクラで働いていたときのスカウトから、海外で男とすごすとそれなりのカネがもらえるって聞いて。それで、たまに台湾に行ってるんだ」

「ほかの子には絶対言わないでね」と念押しして話しだしたトモさん。ツムギには思い当たる節があった。確かにトモさんは4、5日連続でシフトに入らないことがあったのだ。子どもと過ごしているのだろうと思い、それ自体とくに気にも留めていなかったのだが。

「海外で男と過ごす、って何をするんですか」

「一緒にごはん食べて、同じホテルに泊まって朝まで過ごす。それだけだよ。当然、夜はエッチするんだけど……抵抗がないならどう？」

SNSでそういった女性を募っているのを何度も見かけたことがあったので、瞬時に海外出稼ぎだと理解できた。男性経験はなかったわけではないが、抵抗がないはずはない。果たして自分のような華のない女にカネを出す男がいるのか。

「ちょっと化粧変えて、かわいい服を着れば大丈夫だよ。それに、むしろケバい私みたいな女より、ツムギちゃんのような真面目なタイプのほうが人気あるんだって。たしか、英語は話せるよね？」

日常会話ぐらいならできるという自信がツムギにはあった。が、自分が海外に行ってそんなことをするなんて。かぶりを振ったツムギだったが、トモさんの次の言葉に心が大きく揺れた。

「2泊3日で15万円はもらえるかな。航空券代は自腹だけど、往復で2万5000円くらいでしょ？　経費を差し引いても10万円は残ると思うよ」

自然と頭の中で皮算用を始めていた。バイト1か月の稼ぎがたった3日で賄える。しかも、トモさんも同伴するということがツムギの背中を押した。

「この人と連絡取ってみて」

トモさんがスカウトのLINEを教えてくれたので、すぐに連絡を取った。スカウトは「海外の高級デートクラブでの仕事」と言った。

その日、ツムギはスマホで台湾のデートクラブや法律事情を調べてみた。

台湾では売春が合法のエリア「性交易専区」というのが存在する。しかし、そこには売春する風俗店の類いはなく、合法的売春は台湾には存在していないということ。さまざまな風俗店があるがそれらはすべて違法だということ。つまり、ツムギが行こうとしているデートクラブも違法な風俗だということ。

それよりも初めての海外旅行に胸が躍っていた。「ひと晩男と寝るぐらいなんでもないではないか、きっとトモさんもそばにいてくれるだろうし」と。

ツムギはすぐに期限が5年間のパスポートを申請し、母親には大学の同級生と海外旅行してくるとウソをついた。母親はいい顔はしなかったものの、「自分のお金なら」とさほど反対されることはなかった。

初めての「海外旅行」

2024年1月中旬。母親の遅めの正月休みに合わせるようツムギは初めての海外に出かけた。実家に子どもを預けてきたというトモさんと2人で台北に渡った。格安航空券はトモさんが取ってくれた。3泊4日の予定だった。

初めての飛行機は怖かったが、海外への期待が上回った。機内でトモさんからメイクのレクチャーを受け、台北の空港に着き入国審査を終えると、トモさんが持ってきた服に着替えた。キャバクラ時代の服だというが、パンツルックばかりだったツムギには膝上のミニスカートが恥ずかしかった。ヒールがある靴など、大学の入学式以来だった。こうして「商品」としての準備が整った。

「やっぱり後ろめたさはありましたけど、街の活気や違う言語、見るものすべてが新鮮で楽しかった、というのが本音です」

2人は地下鉄で台湾忠孝復興駅に向かった。台北随一の繁華街がある駅だ。駅前には日系のデパート「そごう」があったのが印象的だったとツムギは言った。

「歩いている人も街も東京と変わらないんじゃないかな」

トモさんはそんなことを言いながら、ツムギをとあるマンションに導いた。何度も来ているからか、道に迷うことはなかった。

洗練された印象のマンションは東京でも高級な部類に入るだろう。部屋に案内されると売春などという薄暗いイメージなどまるで感じさせない明るくきれい場所だった。デートクラブのオーナーだという初老の男を紹介された。スーツ姿の似合うビジネスマン風だった。地元で見かける「裏稼業風」の男を想像してただけに、拍子抜けした。男は片言ではあったが日本語を話した。

「台湾は、初めてですか?」

包み込むような安心させる声だった。ツムギは「台湾どころか海外が初めてです」と伝えると、男は驚きの表情を浮かべた。

少しばかりの雑談のあと､男は「これからすること」の説明を始めた。内容は簡潔だった。

「男性と待ち合わせます。落ち合ったら腕を組んで、恋人のように過ごしてください。あとは食事に行って、そのあとホテルに行くのが大体の流れです。

でも、たまに直接ホテルに行くこともありますし、2軒目にバーのようなところに行くこともあります。費用は男性が払いますので安心してください。ひとつお願いしたいのは『NG』と言わないでください。あとは身を任せておけば大丈夫です。うちは会員制なのでデート代、代金に関してはあなたが受け取る必要はありません。あ、チップはそのまま受け取っても大丈夫ですよ。金額の報告はしなくて結構です」

説明を聞き、「男たちはどんなところに連れて行ってくれるのか、楽しみだな」と思ったとツムギは言った。外国に来た高揚感がこれから起こる現実を凌駕していた。

「あとはエッチですが……基本はコンドームをつけてのノーマルなエッチです」

「基本というのは？」ツムギは質問した。

「オプションでいろいろなことがあります」

そういうと、男は手慣れた手つきでスマホの店のホームページを開き、中国語で書かれた文字を日本語に翻訳した。

「口内射精1200台湾ドル（約6000円）、中出し2000台湾ドル（約1万円）、

SMプレイ3000台湾ドル（約1万5000円）……」

ツムギはこのときの説明をほとんど覚えていない。

「よくわからないことを説明されて、それがなにを意味するのかまったく理解できなかったんです。怖くなって『ノーマルだけでお願いします』と言いました。オプションの半額はもらえると言われていたんですけど、やっぱり怖かったので」

ツムギの願いに初老の男は表情ひとつ変えず「わかりました」とだけ答えた。ただトモさんが「私はなんでもできるけどね」と言ったのには驚かされた。

台湾での初仕事

〝仕事〟が決まるまでは時間がかかった。しかし、事務所でトモさんといることで、不思議と不安は感じなかった。Wi-Fiをつなぎ台北のことをいろいろ調べた。日本より高速な通信環境に感心した。男が丁寧に中国茶を入れてくれた。初めての味に目を見張った。大きな窓から目をやれば台北の活気ある往来が見える。ツムギは高揚していた。

その間、男のスマホはしきりに鳴っていた。中国語で話しているので内容はわからないが、こちらを見ているので、自分の容姿などを説明しているのだろうと思った。

電話が鳴るたびにどきりとした。しかし、実際に声がかかるまでには、数時間を要した。男が声をかけてきたときは、夕方の6時すぎになっていた。

「朝までですけど、大丈夫ですか？」。男はそう聞いたが、覚悟は決まっていた。

「はい。頑張ります」

男はツムギのスマホを操作するとグーグルマップを開き、とあるホテルに星をつけ、ここからの道順を示した。徒歩で12分と示されているホテルは超高級とは言えないが、この界隈でも人気があるという4つ星ホテルだった。

「相手は台湾人です。日本語は話せないけど、英語は話せる常連さんです。紳士的な人ですので楽しんできてください」

今思い返すと「楽しめ」と言われるのは不思議な話であるが、ツムギはその言葉を額面通りに受け取った。

「着いたら、LINEで連絡してくださいね」と男は言った。男とLINEアドレスを交換すると、見たことのないようなスタンプを送ってきた。少し緊張がほぐれた。

トモさんも「大丈夫だから。何かあったら、まず私に連絡しなね」といって送り出してくれた。スーツケースは事務所に置き、ツムギはハンドバッグひとつで台北の街に飛び出した。

日本とは違った音、匂い、人いきれ。今、海外で初めて一人で歩いていることにツムギは気づいた。しかし、なんということになったのだろう。屋台から発せられる独特の香辛料の匂いに感情が混乱してきた。

ホテルのロビーには10分ほどで到着した。すぐに男にLINEをすると、男からの返信よりも早く、30代後半と思しきスーツ姿の男から声をかけられた

「こんにちは～」日本語で話しかけてきた男が、ツムギを〝買った〟台湾人だった。

スマートで清潔なビジネスマン。男にそんな第一印象を抱いたというツムギ。終始、紳士的な男性だったという。挨拶以外の日本語はわからない、というので会話は英語で行った。男はツムギよりはるかにネイティブな英語を操った。ツムギはそれについていけず、翻訳アプリの世話になったのだが、そんな姿をやさしく見守ってくれていた。

「楽しかった」

教えられた通り腕を組み食事へ。日本では恥ずかしくてできないそんな行為も、台湾では抵抗なく自然とできた。

男は中華料理の店を予約していた。見るからに高そうな店だった。そこで男はしきりに日本の話を聞きたがった。込み入った英語がわからなかったため、簡潔な答えしかできずに申し訳なく思った。翻訳アプリを使ってだが、男のジョークに盛り上がり、気づいたら3時間が経過していた。ツグミは酒が好きではなかったが、この日は勧められるままに飲んでいた。楽しい酒を初めて知った。しかし酔いはしなかった。

男は会話の中でしきりに「日本や日本人が好きだ」と言っていた。異国で外国人から日本を褒められるのはうれしい気持ちになるものだとそのとき初めて知った。

「レッツゴー」。男がもはや何本目かわからないビールを飲み干して立ち上がったとき、「あぁ、これからホテルに行くんだな」とツグミは察したが、嫌な感情は湧いてこなかった。

「結局、その日はホテルで2回しました。本当はゴムをしてほしかったんですけど、2

回目はつけてくれませんでした」

翌朝目が覚めるとシャワーを一緒に浴び、恋人のようにハグをしてホテルのフロントで別れた。

「楽しかった！　嫌なことはなにもなかったです！」。すぐにトモさんにLINEをした。翌日も同様の流れで今度は40歳代の男と会ったという。同じように食事をして、同じようにホテルでセックスをする。もはやなんの抵抗もなかった。

「3日目の朝、トモさんとふたりでデートクラブの事務所に行きました。そこで封筒に入ったお金を日本円で受け取りました。きっちり15万円が入っていました。1か月居酒屋でバイトをするよりも多くのお金が即金でもらえたのがうれしかった。オーナーさんからは『日本人はプレミアだからまた来てね』とよろこんでいただけました」

2度目の渡航

ツムギの最初の〝海外出張〟は拍子抜けするほど、何事もなく終わった。「また機会があれば台湾に行きたい」そんな感想を抱くようになっていた。

渡航費や諸々の経費を差し引いても手元には10万円以上のカネが残った。ただ、お金以上に台湾での経験がツムギには魅力的に映っていた。

ツムギは次のタイミングを探るようになっていた。大学も休みになり、妹の面倒を見なくても許される、そんな時期は限られていた。次のタイミングは夏休みしかなかった。

初の渡航から8か月。ツグミは例のスカウトと連絡を取りながらも、日常を過ごしていた。家と大学とバイト……。その3つがひたすらぐるぐる回る日常。

しかし、ツグミは通勤通学客に交じって揺られる満員電車の中でも、以前とは違った感情を抱くようになっていた。言いようのない不安が薄れていたのだ。この先、自分の人生何とかなるのではないか。少なくともこの無表情で電車に揺られている連中より、刺激的な人生を送っている。いつでもカネが稼げる。女の強みに気づいたのだ。

2度目はシンガポールと決めた。英語圏の国に行ってみたかったのだ。一度も会ったことがないLINEだけの関係のスカウトの提案に乗ることに何の不安もなかった。しかし、トモさんに相談すると、反対された。

「どうしても行くの？　普通の夏休みを過ごしなよ。あんまり根を詰めると普通の生活に戻れなくなっちゃうよ。今度は私は行けないからね」

しかし、ツムギは単独での渡航を決意する、シンガポールは台湾よりはるかにお金持ちの国。日本よりもきらびやかで、やさしいジェントルマンがいるはず。それは根拠のない確信だった。

台湾と同様、母親には大学の同級生と旅行にでるとウソをついた。もはや母親には何の引け目も感じなくなっていた。

シンガポールのチャンギ国際空港に着くと、出口に男が迎えに来ていた。中国人でないのはわかるが、国籍不明の肌が浅黒い中年男性だった。白い紙に「TSUGUMI」の文字。それを見てツグミは嬉しくなった。他の観光客と同様に「歓迎されている」と感じたのだ。

シンガポールでの〝仕事〟は4泊5日の予定だ。台湾より一日長くしたのは渡航費が台湾と比べて割高だったので、そのぶんを補おうと思ったのだ。

浅黒い男のクルマに乗せられた。台湾とは違う高層ビルばかりの景色に見とれた。街をしばらく走ると、大きなビルの前で降ろされ、オフィスに通された。

そこからの流れは台湾のときとさほど変わらない。オプションの有無を聞かれ「ノーマルオンリー」と英語で答えた。オフィスの窓からはシンガポールを代表するホテル「マリーナベイ・サンズ」が見えた。ツムギの胸は高鳴った。

シンガポールの客

シンガポールは「ゲイラン地区」というアジア最大級の置屋街を有している。売春を根絶できないのであれば、徹底的に政府の管理下に置くという方針で制定された「政府公認の売春地区」だ。アジア一と言われる経済発展を遂げたシンガポールにあって、ある種取り残された地区と言っていい。１９６０～70年代の低層の建物がそのまま残り、高層ビルが立ち並ぶ街のなかでは異彩を放っている。

治安がいいとされるシンガポールにおいて「ゲイランをひとりで出歩くと危険」とガイドブックなどで注意が促されているのもうなずける。50～60軒ほどが連なるこの置屋街で働いているのは中国人やインドネシア、タイ人が多いという。

しかし、ツグミは置屋街での〝勤務〟ではなかった。シンガポールでも日本人は「お姫様」のように扱われるのだ。４つ星クラスのホテルに滞在し、部屋に来る客を相手にすればいいと言われていた。一回のギャラはノーマルだけだと3万円。１日あたり約１

万円がホテル代などの経費として引かれるシステムだと説明を受けていた。

事務所の人間からは客からカネを直接受け取らなくてもいいと言われた。契約の4日間が終われば、シンガポールドルでギャラが渡されるという。

ツグミにとって魅力的だったのは、1日5時間働けばあとの時間は自由にしていいという条件だったこと。それこそがシンガポールを選んだ理由だった。朝起きれば、少なくとも夕方まではショッピングや観光ができると踏んでいたのだ。

1日で客を3人取れば9万円、経費を差し引いても8万円は残る。これを4日間繰り返せば30万円を超える……そんな皮算用を頭の中で何度も繰り返していた。

しかし、大きな誤算だった。シンガポールの客は台湾とは全く違ったのだ。そのことは初日から思い知らされることになる。

浅黒い男にホテルまでクルマで連れられてチェックインをした。荷ほどきをして、大きなベッドで体を伸ばしていると、早くもツグミのスマホが鳴った。「10分後に客が行く」と英語で書かれていた。急いでトモさんから教えられた濃いめのメイクを施し、そして日本から持参したワンピースに着替え、高めのハイヒールに足を通した。

きっかり10分後、部屋の呼び鈴が鳴った。

のぞき穴から見ると台湾のときと同じように中華系の男が立っていた。ドアを細めに開けて「Ｈｉ」と挨拶すると無言だった。ドアをゆっくり開けて男を招き入れると、酒の臭いが鼻を突いた。ドアを荒々しく閉めると、言葉を発することもなく、ツグミのワンピースをはぎ取った。ツグミはベッドに押し倒されると、雑に下半身を舐めだし、下着を剥ぎ取るとそのまま挿入された。「Ｗａｉｔ！　Ｗａｉｔ！」と制しても小柄なツグミは男の力には抗えなかった。避妊具もつけずひたすら腰を振る男。恐怖で体が動かなかった。果てる直前に体をよじり外に出させるのが精いっぱいの抵抗だった。

男は片言で「ａｒｉｇａｔｏ」と言うとズボンをはいて部屋を出ていった。この間10分ぐらいだろうか。下半身にヒリヒリする痛みを覚えた。

「あぁ、売春ってこういうことなんだろうって思い知らされました。台湾の経験で勘違いしてたんだと思います。すぐ事務所に抗議の電話をしましたけど、鼻で笑われるばかりで何の対応もしてくれないことがショックでした。それからはどう身を守るかということばかり考えてました」

その後も酒のにおいを漂わせた男たちが繰り返しツグミの部屋を訪れた。程度の差こそあれ、手荒な扱いをされるのは一緒だった。

すぐさま帰国したかったが、当日で割高な航空券を買う余裕はなかった。

2人組からの暴行被害

滞在3日目。決定的な「事件」が起きる。

ツグミの言葉を借りると「凌辱の限りを尽くされた」のだ。

「部屋に入ってきたのが2人だったんです。ひとりはドアの死角に隠れていて見えませんでした。中華系の中年男。直感的に『ヤバい！』と思って「HELP！」と声をあげると、口を押さえられ、腹をボコボコに殴られたんです。本当に恐怖で、それ以上声をあげることも、抵抗することもできなくなってしまって……。それからは2人の男に入れ代わり、立ち代わり……」

ツグミはこれ以上語ることはなかったが、死をも覚悟したという。そのとき、頭に浮かんだのは母親の顔ではなく、もう何年も会っていない父親だったという。

帰国、そして日常へ

「事件」が起きて、これ以上ここにいるのは無理だと悟った。

あと一日、契約は残っていたが、荷物をまとめてホテルを出ると、タクシーで事務所に向かった。

「自分がされたことを英語で身振り手振りを交えて必死に説明したんです。そうしたらあの浅黒い男が言ったんです。『オーケー。でも契約違反だからギャラは払えないよ』と。『明日まで働けばギャラは払うけどどうする？』って。

結局お金は受け取らず事務所を飛び出しました。やはり命のほうが大事だから」

自分で安宿を見つけ、そこで2晩を過ごし、当初の予定通り帰国した。結局観光もできず、かび臭い部屋で2日間眠り続けたことだけが記憶に残った。

帰国してからもシンガポールでのことは誰にも話さなかった。母親と妹には土産を買ったが、土産話はできなかった。トモさんにも連絡しなかった。結局会いづらくなりアルバイトをやめた。トモさんからは何度も着信やＬＩＮＥがあったがブロックした。トモさんは知っていたはずだ。騙されたと思ったからだ。

夏休みが終わり日常に戻った。

検査薬で妊娠していないことを確認すると、少し肩の荷がおりた。すると別の感情が湧いてきた。「誰かに話を聞いてもらいたい」

相談機関に電話をかけ自らの身に起きたことを話した。涙が次から次へと溢れてきた。

「本当は心療内科にでも行くべきなんでしょうけど、保険証を使うと母親にバレちゃうから。ただ誰かに聞いてもらって、思い切り声に出して泣きたかったんです。自分が世間知らずのバカだったこと、自分で責任を負うべきだということもわかっているんです」

ツグミはそう言うと肩を震わせた。ずっとうつむいていているため泣いているのかはわからなかったが、記者もかける言葉がなく、ただ沈黙が流れた。

少しの休憩を挟んで、再度ツグミと向き合うと彼女は記者の目を見てこう言った。

「海外出稼ぎの取材と聞いて悩みました。でもやっぱり書いてほしいと思ったんです。それは自分のためです。自分のことを残してほしかったんです。バカな自分を記録に残してほしい。でも、本は買いません。今後、自分に人生の岐路が再び訪れたら、図書館などでこの本をを読んで決めようと思います。この失敗を忘れないように。私の胸にしまうだけでなく、客観的に見てほしいんです。シンガポールでのことは教訓としてこのあとの人生を生きていこうと思います」

それが強がりであったとしても、前向きな言葉を継ぐツグミに記者は救われた気持ちになった。取材中、つねに迷いや後悔に苛まれていたからだ。

振り返ればあの警察官は海外売春で「かわいそうな目に遭っている女性が増えている」と言っていた。ツグミを自業自得、因果応報だと唾棄することもできるし、実際に世間からのそしりは免れないだろう。

ただ、目の前のツグミを見ていると、そんなそしる暇があるなら、いま何が起きているかを正確に伝えることが自分に与えられた使命なのだと強く思った。

終章 「希望」と「現実」の間で

再び飛田新地へ

２０２４年11月。記者は再び大阪・飛田新地に向かった。

もちろん遊びにいったわけではない。第６章の取材で世話になったKと酒を酌み交わすためだ。

Kとはその後も折に触れ連絡を取っていた。本書のための取材がひと通り終えたことを伝えると、「それなら忘年会を兼ねて打ち上げでもしましょう。ただこの業界は12月はめっちゃ忙しいんで11月中に」と誘ってくれていたのだ。

数か月ぶりにKの店の前に立ち、飛田新地の遊郭群を見やる。軒に座った女たちがにっこりと微笑んでいる。その前を多くの男が行き交い、客をひくおばちゃんたちの口上。数か月どころか何十年も変わらない姿だろう。

店をじっと見る記者に気づいて、おばちゃんが声をかけてくる。オーナーにアポイントがあることを伝えると「シャチョー！　お客さん来てるよ」とKを呼び出してくれた。

Kは奥からひょっこりと顔を出した。

「遠くからわざわざ、すんません！」

飛田新地からタクシーで15分ほどのいかにも大阪の居酒屋という店でKと向き合った。

「ここは日本酒がおすすめです。やっぱり灘の酒を飲んでほしいから」というKの言葉に従い、一杯目は無数に並んだリストから、灘の酒蔵のひや酒を注文した。

目の前でコップに並々と酒が注がれた。新潟の日本酒のぬる燗を頼んでいたKの徳利の到着を待って盃を交わした。

「どうです、取材はうまく行きましたか？」

「おかげさまで。うまくいったかどうかはわからないですけど、なんとか形にはなると思います」

「それはよかった、ボクのことを書くときは、〝イケメンのやり手経営者〟って書いとってくださいよ」

慣れない酒のせいか、取材が一段落した解放感からか、この日は酔いの回りが早かった。そうなるとやはり海外出稼ぎの話になった。

記者は酔った勢いで「Kさんは、危ない目に遭うことはないんですか？」と水を向けてみた

いまKはAV女優を世界中に派遣するエージェントの仕事を行っている。

海外出稼ぎの黒幕

「どの国に行ってもやっぱ向こうのマフィアは出てきますよね。とくに多いのが、チャイニーズマフィアや台湾マフィアです。ようはケツ持ちと思ってもらえたらいいんですけど、海外に行くとまずブローカーから挨拶するように言われる。こっちも舐められたくはないんで、ケツ持ちではないけど、念のため日本の知り合いのヤクザの組の名前は出すようにしてる。今まで揉めたことはないですけど、これも危機管理ですわ」

地ならしをしたうえで女を派遣しているということだろう。

ただ、一連の取材のなかで確信していたこととはいえ、やはりマフィアと売春は密接な関係にある。

「ヤバそうな雰囲気の人たちって、必ず現地の高級クラブにボクらを呼んで接待してくるんです。日本人の女が欲しいってことなんでしょうね。一度や二度じゃなく滞在中呼ばれるんです。毎日がパーティ状態で体がもちません（笑）。

キレイどころのお姉ちゃんをあてがってもらうのならいいんですけど、必ずヤクもすすめられる。自分はそっちには興味ないんで断りますけど、ＭＤＭＡかなんか知らんけどそんなのやって、みんなトランス状態。中国語で何言っててんのかわからんけど、一応こっちも怖いから即時通訳できる『タイムケトル』っていうイヤホン聞いてるんです。向こうも向こうで、仲間が余計なこと言うと、『日本人が聞いてるから気をつけろ』なんて会話もしてるからね」

おでんが運ばれてきた。「コロ。くじらの脂身んとこ、東京じゃ食べられないでしょ？ぜひ食べてみてください」。眉根を寄せて話していたが、相好を崩し、Kは記者におでんを取り分けてくれる。

「ただそういうパーティって、情報交換の場でもあるんでね。自分みたいなスカウトやエージェントがほかの国からも来てる。そういえば先月フィリピンのパーティでちょっと気になる話を聞いたんです……」

「ドバイに気をつけろ」

いつもは直接的な物言いをするKが珍しくもったいぶったような言い方をした。記者におでんをすすめておきながら、箸すら割っていない。

「今、日本人を扱うエージェントはみんなこう言うんです。『ドバイに気をつけろ』って。要は消えてるんです、女の子が。ドバイからの〝注文〟って実際増えてるんです。それで、日本から出稼ぎに送った子がホンマに帰ってこないそうで。僕らみたいなブローカーやスカウトがドバイに送るやないですか。で、なぜか音信不通になる。知ってるブローカーがドバイにいる女の子から『助けて』って電話を受けたことがあるんです。『どこどこの島に連れていかれることになって逃げられない』と。その子も売春目的での入国だし、大使館に駆け込むとか、大っぴらなことはできない」

さらりと言われた話だったが、衝撃的だった。酔いが覚めていく。

「本当かなと思って、日本に帰国してから仲間うちで聞いてみたんですわ。そうしたら、『実は自分もそういうことを聞いた』ってやつが2、3人いたんです。

現地のブローカーに問い合わせても『調査中』と言うばかりで。女の子を送ったブローカーはパニック状態。現地で女が新しいブローカー見つけて、引き抜かれたとかなら、日本でもよくある話なんで気にしないけど、女の子の周辺のブローカーもろとも音信不通で日本にも帰ってきていない。不気味すぎてドバイは派遣先から外してます」

「その女の子たちどうなったと思っているんです?」と恐る恐る質問を投げかける。

「結局、どの国でも裏で糸を引いてるんはマフィアなんで、生きてんのか殺されてるのかもわからん。仮に殺されていたとしても、我々にはなんの手出しもできないから。警察が動かんかぎり、事件にもならず終わるんだろうね」

現地のマフィアらと対峙してきたからこそ、最悪の事態が予想できるのだろう。

海外出稼ぎのリスク

「結局、女の子たちも『リスクがある仕事というのはわかっている』とか言うじゃないですか。でも海外で売春している女の子は誰も〝本当のリスク〟を知らないんですわ。AVだったらスカウトやエージェントがそうしたリスク管理をする役回りなんだけど、SNSで誰彼構わずリクルートしているやつがそんなことまで考えているわけがない。そもそも本当のリスクがなんなのかということすら知らないでしょ。シロウトが俺らの仕事を荒らすなよ、と」

Kの目には怒りが滲んでいた。

「希望」と「現実」の狭間に

およそ1年。海外売春をめぐる一連の取材を振り返ると、結局、こうした売春で幸せを摑んだ女性は誰ひとりとしていなかったように思える。唯一の例外と思えたのは、7年前にオーストラリア・シドニー留学中に置屋で働き留学費を捻出していたリサだ。しかし、彼女でさえ「合法だったけど、売春をやらないで済むんだったらそれに越したことはない」と言う。

今なぜ多くの女性が海を渡り、異国の地で売春という選択をするのか。それは我々取材班にとっての大きなテーマになっていた。

昨今の急激な円安や経済的困窮など、日本社会の状況を見れば、彼女たちの選択に理解を示せる部分もある。だが、カネだけでは説明がつかない動機が多く見られたのだ。

取材を通じて浮かび上がったのは、女性たちの「希望」と「現実」の狭間に存在する大きなギャップだ。彼女たちが思い描く「未来」と、直面する「今」の隔たり。その溝は想像以上に広くて深い。そしてそれを埋めるための解決策を誰も持ち合わせていない。

Kと酒を酌み交わした翌日、記者は東京へ戻り品川駅に降り立った。そこから見上げた空に飛行機雲ができていた。白い機体のジェット機が頭上を越えていく。ここにも売春のために海を渡る女性が乗っているのだろうか、そんなことをつい思ってしまう。

最後に、警視庁保安課の警察官と交わした会話を記しておきたい。

帰京するとすぐに、例の警察官のスマホを鳴らした。言うまでもなくKから聞いた話の裏取りのためだ

「海外出稼ぎでドバイに行った女性の多くが行方不明になっていると聞いたんですが、そういう話は把握していますか？」

返答があるかどうか微妙な質問だったが、言葉を選ばずに聞いた。

しばらく沈黙の後、ドスの聞いた声が聞こえた。

「多くかどうかは別として、聞いている」

（了）

扶桑社新書 517

海外売春
——女たちの選択——

発行日 2025年1月1日　初版第1刷発行

著　　者………週刊SPA!編集部 国際犯罪取材班
発 行 者………秋尾弘史
発 行 所………株式会社 扶桑社
〒105-8070
東京都港区海岸1-2-20 汐留ビルディング
電話 03-5843-8194（編集）
03-5843-8143（メールセンター）
www.fusosha.co.jp

カバーデザイン・DTP………小田光美（OFFICE MAPLE）
校　　閲………小西義之
編　　集………遠藤修哉（週刊SPA!編集部）
印刷・製本………株式会社 広済堂ネクスト

Printed in Japan　ISBN 978-4-594-09897-1